Taisen Deshimaru-Roshi:
Zen in den Kampfkünsten Japans

Geleitwort von Dr. Claude Durix
Herausgegeben von Marc de Smedt

Mit 19 Abbildungen

Esoterik

Herausgegeben von Gerhard Riemann

»Karate-Kid«, »Die Tochter des Meisters« und ähnliche die östlichen Kampfkünste sensationell darstellende Filme feiern Hochkonjunktur. Und allem Anschein nach wird das Interesse weiterhin stark zunehmen. Vom astrologischen Gesichtspunkt her kein Wunder; denn seit Herbst 1984 ist Pluto in »sein« Zeichen, den Skorpion, eingetreten. Die Verbindung von Pluto und Skorpion steht für Qualitäten wie Konzentration, extrem konzentrierte Kraftentfaltung, den Dingen auf den Grund gehen und unbeirrbares Handeln – alles Qualitäten, die zumindest im fortgeschrittenen Stadium von Könnern östlicher Kampftechniken verlangt werden. Deshimaru-Roshi, einer der führenden, heute lebenden Vertreter des Zen, konzentriert sich in diesem Buch auf die *inneren* Aspekte der Budo-Techniken. Denn wahre Meisterschaft beginnt dort, wo die Bewegungsabläufe bereits in Fleisch und Blut übergegangen sind. Im fortgeschrittenen Stadium geht es um die Disziplinierung des Atems, der Haltung und die Entwicklung der KI (der körpereigenen Energie). Vom wahren Meister des Budo wird gezeigt, daß die Maxime »Der Geist beherrscht die Materie« nicht Wunschdenken ist, sondern praktisch demonstriert werden kann. Denn nur so lassen sich solche extremen Leistungen wie das Durchschlagen von Granitblöcken mit der bloßen Hand und die Beherrschung des Gegners mit psychischer Energie erklären.

Vollständige Taschenbuchausgabe
Droemersche Verlagsanstalt Th. Knaur Nachf. München
Lizenzausgabe mit freundlicher Genehmigung
des Werner Kristkeitz Verlages, Weidenthal
Titel der Originalausgabe »Zen et Arts Martiaux«
© Éditions Seghers 1977
Aus dem Französischen von Taijin Myosen
© Werner Kristkeitz Verlag 1978
Umschlaggestaltung Dieter Bonhorst
Umschlagfoto J. C. Varga
Kalligraphien Taisen Deshimaru
Gesamtherstellung Clausen & Bosse, Leck
Printed in Germany 6 5
ISBN 3-426-04130-8

Zu diesem Buch

Anläßlich eines in der Schweiz abgehaltenen Einführungsseminars in die Praxis des Zen und in die japanischen Kampfkünste ergab sich die Notwendigkeit, den Teilnehmern die Beziehungen zwischen Meditation und Handeln darzulegen und dieses Wissen zu vertiefen.

Zen-Meister Deshimaru hielt daher zu dieser Gelegenheit eine Reihe von *kusen* (mündliche Unterweisungen beim Zazen) zu diesem Thema und erläuterte die wahren und tiefen Verbindungslinien zwischen Zen und den Kampfkünsten, welche beide zum *Geist des WEGES* führen. Denn jeglicher Kampf, sei er nun in uns oder um uns, ist immer ein Kampf gegen uns selbst.

Die grundlegenden Erkenntnisse um das Wesen des *ki* (der Energie des Handelns, der Lebensenergie) — die „Gelegenheit" zu Handeln, die rechte Spannung, das Erlernen der Technik, die Verfassung des Körpers, der Zustand des Bewußtseins und der Fortschritt in der Erweckung des Geistes — wurden während des Seminars besprochen und durch die Demonstrationen von Meister Yuno, 8. Dan *kendo*, illustriert, der eigens aus Japan kam, um an diesem *sesshin* teilzunehmen.

So konnten die Teilnehmer tief in ihrem Wesen die folgenden Sätze des großen chinesischen Heerführers Sun-tsu nachfühlen:

„Erkennst du deinen Gegner und erkennst du dich selbst, so werden von hundert Kämpfen, die du auszufechten hast, hundert siegreich sein.

Erkennst du den Gegner nicht, doch erkennst du dich selbst, so stehen die Chancen zu gewinnen oder zu verlieren gleich.

Erkennst du weder den Gegner noch dich selbst, so wirst du deine Kämpfe nur in Niederlagen zählen."

Das *dojo* verwandelte sich mehrmals am Tag von einem *dojo* der Meditation, erfüllt von der Ruhe und Stille der unbeweglichen Körper in der Zazen-Haltung, in ein *dojo* der Kampfkünste. Doch über den Begriff von Sieg und Niederlage hinaus war die große Lehre dieses Seminars, daß Zen und die Kampfkünste in ihrem tiefsten Sinne Unterweisung sind in dem grundlegenden Problem von Leben und Tod.

Die Texte der Vorträge wurden ergänzt durch eine Reihe von Lehrgesprächen (*mondo*), die über einen Zeitraum von vier Wochen zwischen einigen speziell interessierten Schülern und dem Roshi in dessen Zimmer in Paris gehalten wurden.

Für ihre Mitarbeit an der Fertigstellung dieses Buches sei hier besonders gedankt: Janine Monnot, Evelyne de Smedt, Herrn Dr. Durix, Vincent Bardet, Fausto Guareschi und all denen, die dem Seminar in Zinal beiwohnten, welches dem Geist des Zen und dem Geist der Kampfkünste Japans gewidmet war.

Marc de Smedt

Vorwort

Zen nimmt in den Künsten eine hervorragende Stellung ein. Einige sind, schon von der geschichtlichen Entwicklung her, in besonderem Maße Zen, wie die Teezeremonie, die Kunst des Blumensteckens, ein gewichtiger Teil der Kunst der japanischen Gärten; und einzelne Phasen der Töpferkunst standen ganz im Zeichen des Zen. Andere erfuhren durch Zen eine tiefgreifende Wandlung, um nicht zu sagen Erneuerung — wie die Malerei, die Kalligraphie und die Kampfkünste Japans.

Als Zen den Weg nach Japan fand, traf es auf ein kriegsgewohntes Volk. Bürgerkriege, Überfälle, Plünderungen, Metzeleien, Verschleppung und Trennung waren in jener Zeit das gemeinsame Los aller Japaner in Nord und Süd. Und der Geist des Zen war es, der die brutalen Kriegstechniken in Künste verwandelte, die sich nun gar nicht mehr um kämpferische Effektivität, um so mehr dagegen um die Suche nach dem eigenen Selbst bemühten. All diese Techniken wurden so zu Methoden geistiger Vervollkommnung. Schwert, Bogen und Pfeil waren nicht länger Mordinstrumente, sondern Hilfsmittel für die Meditation. Der Kampf wurde ein geistiger, der Feind fand sich nun in einem selbst, in den Illusionen, den Verblendungen des Ich, die uns daran hindern, unser wahres Wesen zu entdecken. Daher müssen wir sie gnadenlos zerstören. Unter diesem Einfluß entstand das *bushido*, das ist die enge Verbindung der moralischen Prinzipien, des Ehrenkodex und der ritterlichen Tugenden, welche die Ausbildung und Pflege hoher körperlicher und seelischer Eigenschaften zum Inhalt haben: Mut, Einfachheit und Genügsamkeit, Loyalität und Gerechtigkeit, Interesselosigkeit und Todesverachtung. Bald nannte man daher das Zen ,,die Religion der Samurai".

Offen oder versteckt findet man in irgendeiner Form all diese Elemente auch in den modernen Kampfkünsten, besonders aber im *kendo*, im *iaido*, der Kunst, das scharfe Schwert zu führen, und im Bogenschießen. Man findet sie auch im Geist des *aikido*, der neuen Form uralter Selbstverteidigungstechniken. Es gibt sie auch, wenn auch weniger offenbar, im *judo*.

Welche dieser Künste Sie auch ausüben und auf welche Weise, entsprechend Ihrem Temperament, Sie diese auch praktizieren, es wird mit Sicherheit der Tag kommen, an dem Sie mit Zen in Berührung kommen und Sie von seinem Wesen tiefgreifend beeinflußt werden. Es kann Ihnen in diesem Kampf um jeden Augenblick, der unser Leben ist, helfen, und besser als jeder andere geistige Einfluß gibt es Ihnen die Möglichkeit, jenes geistig-seelische Gleichgewicht zu finden, welches der Mensch des 20. Jahrhunderts so sehr ersehnt.

Jemand sah eines Tages am Rand einer Klippe zum ersten Mal in seinem Leben das Meer.

„Wie schön es ist! Welch großartiger Anblick!", sagte er fast atemlos.

"Und dabei", sagte sein Freund, „siehst Du doch nur die Oberfläche!"

Das Zen und mein Meister Taisen Deshimaru haben mich gelehrt, nicht nur die Oberfläche des Meeres zu sehen, nicht nur das Äußere der Welt, nicht nur die Hülle des Menschen, nicht nur die bloßen Techniken der Kampfkünste. Beide haben mich durch ihre rauhe und beschwerliche Erziehung und nicht immer ohne Schmerzen gelehrt, den wahren Sinn der Kampfkünste und den wahren Sinn des Lebens zu verstehen.

Mögen sich auch die Leser dieses Buches und alle, die sich in den Kampfkünsten üben, dieses unermeßliche Wissen aneignen und zu einem dauerhaften Besitz werden lassen, ein Wissen, das Taisen Deshimaru-Roshi ihnen zusammen mit all seiner Erfahrung in den Kampfkünsten anbietet und das er mit seiner Unterweisung in seiner ganzen Tiefe erhellt und durchdringt — diese höchste Unterweisung ist *Zazen*, die Zen-Meditation oder Versenkung in der Sitzhaltung. Zazen ist der gemeinsame Nenner und der Gipfelpunkt, in den alle Übungen, alle Künste und alle Formen des Lebens einmünden.

Dr. Claude Durix
3. dan Judo — 3. dan Kendo
2. dan Iaido — 2. dan Aikido

BUSHIDO –
DER WEG DES SAMURAI

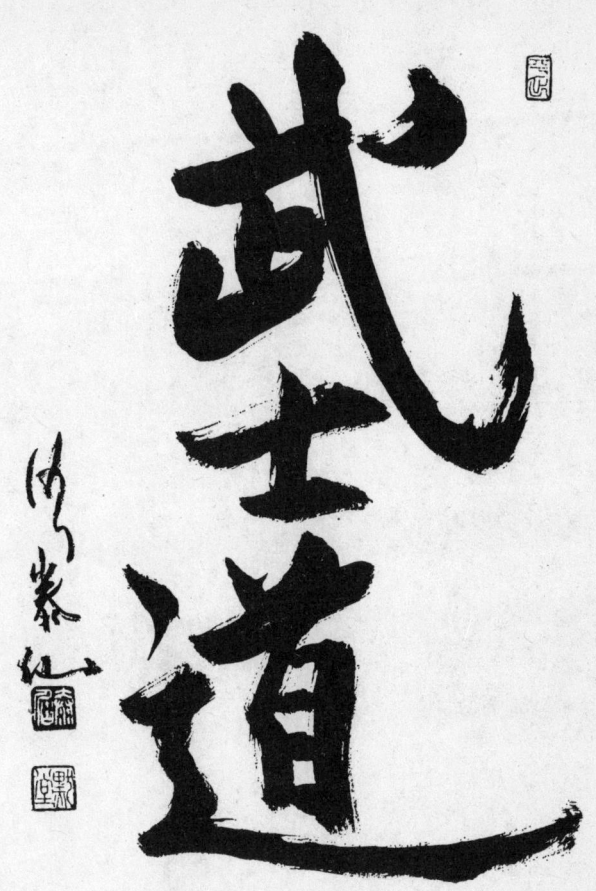

Bushido, der WEG des Samurai

„Die Übungshalle, in welcher die Schwertkunst erlernt wird, führt seit altersher den Namen: Ort der Erleuchtung.

Das Bogenschießen kann somit unter keinen Umständen den Sinn haben, mit Bogen und Pfeil äußerlich, sondern mit sich selbst innerlich etwas auszurichten.

War ich somit nicht an die Stelle gekommen, an welcher der Einfluß des Zen auf die Kunst des Bogenschießens fühlbar zu werden begann?

Jedweder Meister einer vom Zen her bestimmten Kunst ist wie ein Blitz aus der Wolke der allumfassenden Wahrheit. In der freien Bewegtheit seines Geistes ist sie gegenwärtig, und in dem „Es" begegnet er ihr als seinem ursprünglichen und namenlosen Wesen."

Professor Eugen Herrigel
Zen in der Kunst des Bogenschießens

Kraft und Weisheit

Wie kann man der Stärkste und Mächtigste sein?

Wie kann man seinen Geist erhellen, sein Verhalten lenken, wie kann man wahrhaft weise werden?

Seit Anbeginn der Geschichte verspürt der Mensch in sich den Wunsch, sich selbst in Weisheit und Stärke zu übersteigen und die höchste Kraft und die höchste Weisheit zu erstreben.

Doch wie und womit kann man gleichzeitig stark und weise werden?

In Japan sucht man die Lösung dieser Frage durch die Übung in den Kampfkünsten (*budo*) und durch den Weg des Zen. Diese traditionelle Lehre hat sich bis heute erhalten, wenn auch das japanische *budo* heute dazu tendiert, dualistisch zu werden — und statt Weisheit allein Kraft zu lehren.

Kraft und Weisheit — Zen lehrt uns beide Wege in einem einzigen.

Wie ihr wißt, sind die Möglichkeiten unseres Körpers und unseres Geistes gleichermaßen begrenzt. So sind wir eben beschaffen. Auch unsere Weisheit ist begrenzt, denn wir sind nur Menschen.

Der Mensch kann sich nicht die Kraft des Löwen anmaßen und ebensowenig der Weisheit Gottes gleichkommen.

Doch warum kann er das nicht? Gibt es denn nicht einen WEG, durch den der Mensch die Grenzen seines Menschseins überschreiten, über sie hinausgehen kann?

Um diese grundlegende Hoffnung des Menschen zu einer Lösung zu führen, hat man im *budo* das Prinzip des *waza* entwickelt. Man kann das *waza* definieren als eine Kunst, als eine Art Über-Technik, eine Technik jenseits der Technik. Sie wird nur weitergegeben von Meister zu Schüler und bewirkt, daß man die anderen Menschen beherrschen und sich über sie erheben kann. Das *waza* des *budo* läßt sich bis zu den Anfängen der Kunst der *samurai* zurückverfolgen. Es ist dies eine Kraft, welche die eigene Kraft des Individuums übersteigt.

Zen seinerseits hat eine andere Über-Technik geschaffen, die nicht nur körperliche und geistige Kraft verleiht, sondern auch den Weg der Weisheit öffnet, den Weg einer Weisheit, die derjenigen Gottes oder Buddhas gleichkommt. Das ist *Zazen*[1]: die Übung des Sitzens in

1. Zur Zazen-Haltung vgl. S. 150 ff.

der überlieferten Haltung, die Übung des Laufens, Stehens und richtigen Atmens; eine bestimmte geistige Haltung — der *hishiryo*-Zustand des Geistes — und eine tiefe und ursprüngliche Erziehung.

Der edle Kampf des Kriegers

Budo ist der Weg des Kriegers, und er umfaßt alle Kampfkünste Japans. Im *budo* wurden die bestehenden Beziehungen zwischen Ethik, Religion und Philosophie in einer sehr direkten Weise vertieft. Hingegen ist sein Bezug zum Sport erst in neuerer Zeit entstanden. Die alten Texte über *budo* sprechen allein von der geistigen Bildung und der Reflexion über das Wesen des Selbst: „Wer bin ich?"

Do bedeutet im Japanischen WEG. Wie kann man diesen WEG üben? Durch welche Methode kann man ihn erreichen? Es handelt sich nicht nur darum, eine Technik, ein *waza* zu erlernen, und noch viel weniger um sportlichen Wettkampf. *Budo* umfaßt Künste wie *kendo, judo, aikido* und *kyudo* (Bogenschießen). Allerdings — das Schriftzeichen (*kanji*) *bu* bedeutet eigentlich: den Kampf anhalten und ihn beenden. Denn im *budo* geht es nicht allein um Wettstreit, sondern viel mehr darum, den Frieden und die Meisterschaft über sich selbst zu finden.

Do ist der WEG, die Methode, die Lehre, durch die man das Wesen seines Geistes und seines ICH vollkommen verstehen kann. Durch den Weg des Buddha (*butsu-do*) kann man seine eigene, ursprüngliche Natur wahrhaftig erkennen, kann man sich aus dem Schlaf des verkümmerten, eingeschlafenen Ich erwecken und die höchste und vollkommenste Stufe der Persönlichkeit erreichen. In Asien wurde dieser WEG zur höchsten Morallehre, und er ist die Essenz aller Religionen und Philosophien überhaupt. Das Yin und Yang des I-Ching und Lao-tsus Lehre, „Alle Existenz ist Nichts", haben hier ihre Wurzel.

Was bedeutet das? Man kann seinen Körper und seinen persönlichen Geist vergessen und so den absoluten Geist, das Nicht-Ich, erreichen. Himmel und Erde in Harmonie bringen und vereinen, das bedeutet: der Geist im Innern des Menschen läßt die Gedanken und Gefühle vorbeiziehen. Er ist vollkommen frei von seiner Umgebung, und er hat allen Egoismus aufgegeben. Dies ist die Quelle der Philosophien und Religionen Asiens. Geist und Körper, Äußeres und Inneres, Substanz und Erscheinungsformen — all diese Paare sind weder dualistisch noch einander entgegengesetzt, sondern sie bilden eine Einheit ohne jegliche Trennung. Jedwede Änderung beeinflußt immer alle Handlungen und alle Beziehungen zwischen allen Existenzen. Die Zufriedenheit eines Menschen beeinflußt alle anderen Menschen. Unsere eigenen Handlungen und die der anderen stehen zueinander in einer Beziehung wechselseitiger Abhängigkeit. „Euer Glück muß mein Glück sein, und wenn ihr weint, weine ich mit euch. Wenn ihr traurig seid, muß ich ebenfalls traurig werden, und seid ihr glücklich, bin ich es auch." Alles ist miteinander verbunden, alles im Universum durchdringt sich gegenseitig. Man kann das

Teil nicht vom Ganzen trennen — die wechselseitige Abhängigkeit lenkt die Ordnung des Kosmos.

Im Laufe der fünftausendjährigen Geschichte des Ostens haben sich die meisten der Weisen und Philosophen mit diesem Geist und diesem WEG befaßt und ihn weitervermittelt.

Das *Shinjinmei*[1], ein sehr altes Buch chinesischer Herkunft, beginnt mit den Worten: *Shi do bu nan* ... — der höchste Weg ist nicht schwer, doch man darf nicht auswählen. Man darf weder Zuneigung noch Widerwillen empfinden. Im *Sandokai*[2] heißt es weiter: Wenn ihr Illusionen erliegt, entsteht eine Trennung wie zwischen Berg und Fluß.

Zen bedeutet die Anstrengung desjenigen, der Zazen, die Versenkung, praktiziert. Eine Anstrengung, um den Bereich des Denkens ohne Unterscheidung, des Bewußtseins jenseits aller Kategorien einschließlich aller sprachlichen Ausdrucksformen zu erreichen. Durch Zazen und die Praxis des *bushido* kann man diese Dimension erreichen.

---

1. Hrsg. und kommentiert von Taisen Deshimaru-Roshi, Kristkeitz Verlag, Berlin 1978
2. Siehe T. Deshimaru-Roshi, ZA-ZEN, Die Praxis des Zen, Berlin 1976, Kapitel V

Die Sieben Prinzipien

Bushido, der WEG des *samurai*, entstand durch die Vereinigung des Buddhismus und des Shintoismus. Dieser WEG läßt sich in sieben wesentlichen Punkten zusammenfassen:

1. *Gi*: die rechte Entscheidung aus der Ruhe des Geistes, die rechte Haltung, die Wahrheit. Wenn wir sterben müssen, müssen wir sterben.

2. *Yu*: Tapferkeit und Heldentum.

3. *Jin*: die universale Liebe, das Wohlwollen gegenüber der Menschheit.

4. *Rei*: das rechte Verhalten — ein ganz grundlegender Punkt.

5. *Makoto*: vollkommene Aufrichtigkeit.

6. *Meiyo*: Ehre und Ruhm.

7. *Chugi*: Hingabe und Loyalität.

Dies sind die Sieben Prinzipien des *bushido*-Geistes. *Bu* ist die Kunst des Kämpfens, *shi* der Krieger, *do* der WEG.

Der Weg des *samurai* ist kategorisch und absolut. Die körperliche Übung über den Weg des Unbewußten ist ihm wesentlich. Daher wird der Anerziehung des rechten Verhaltens auch solch große Bedeutung beigemessen.

Bushido und Buddhismus haben sich gegenseitig beeinflußt, wobei der Buddhismus den *bushido* in fünf Aspekten ganz besonders geprägt hat:

(a) die Besänftigung der Gefühle,
(b) ruhiger Gehorsam gegenüber dem Unvermeidlichen,
(c) Selbstbeherrschung gegenüber jedwedem Ereignis,
(d) tiefere Vertrautheit mit dem Gedanken des Todes als mit dem des Lebens,
(e) reine Armut.

Vor dem Zweiten Weltkrieg hielt Zen-Meister KODO SAWAKI Vorträge vor den größten Meistern der Kampfkünste, also den höchsten Autoritäten des *budo*. Hier in Europa verwechseln wir leicht die Kampfkünste mit der Kunst der Kriegsführung, in Japan versteht man darunter den WEG. Im Westen hingegen wurden diese Kampfkünste zu einer Mode, einem Sport, einer bloßen Technik ohne den Geist des WEGES.

In seinen Vorträgen sagte Kodo Sawaki: Zen und die Kampfkünste haben den gleichen „Geschmack" und sind eine Einheit. Im Zen und in den Kampfkünsten legt man nämlich großen Wert auf die praktische Übung. Wie lange muß man üben? Viele haben mich schon gefragt: „Wie lange muß ich Zazen üben?", und ich antworte: „Bis zu deinem Tode!" Damit sind meine Gesprächspartner meist nicht allzusehr zufrieden. Die Europäer wollen schnell lernen, manche sogar möglichst an einem einzigen Tag. „Ich war einmal dort", sagen sie, „und nun habe ich es verstanden." Doch das *dojo* ist etwas anderes als eine Universität.

Und auch im *budo* muß man bis zum Tode weiterüben.

Kendo, der WEG des Schwertes

Die Drei Stufen der Entwicklung

Shojin, die erste Stufe, ist eine Zeit der willentlichen und bewußten Übung und für den Anfang notwendig. Im *budo* wie im Zen dauert dieser Abschnitt etwa drei bis fünf Jahre, früher sogar länger als zehn Jahre.

Während dieser zehn Jahre mußte man die Zazenübung willentlich fortführen. Doch heute ist es so, daß der Meister schon nach drei oder fünf Jahren richtiger Übung *shiho*[1] geben kann. Damals mußte man im Tempel leben und an den regelmäßigen *sesshin* teilnehmen. Dagegen im heutigen Japan wird das *shiho* vom Vater auf den Sohn weitervererbt, und dies wurde so reiner Formalismus. Deshalb ist das wahre Zen dort im Niedergang begriffen, und es gibt in Japan heute kaum noch wahre Meister. Früher mußte man mindestens drei Jahre im Tempel Eiheiji oder Sojiji verbringen, ehe man die Ordination erhielt. Doch heute genügt ein Jahr oder drei Monate, ja sogar ein *sesshin*, um Mönch zu werden.

Wer ist also Meister in unserer Zeit? Das ist eine sehr wichtige Frage. Wer ist euer Meister? Die meisten japani-

1. Siehe Glossar

schen Mönche würden darauf antworten: „Mein Vater"... Doch ich zum Beispiel bin Schüler von Kodo Sawaki, und in Wirklichkeit können nur solche Mönche wahre Meister sein. Schon seit vierzig Jahren folge ich unentwegt der Lehre meines Meisters. Das *dojo* von Kodo Sawaki war jedoch nicht wie Eiheiji — es war ganz ohne Formalismus. Kodo Sawaki sagte immer: „Mein *dojo* ist ein mobiles *dojo*." Er reiste von Tempel zu Tempel, in Schulen und Universitäten, Fabriken und sogar manchmal in Gefängnisse. Seine Lehre war tief und fest mit dem Leben verbunden.

Im Zen wie im *budo* ist also die erste Stufe, *shojin*, eine Zeit willentlicher Übung und bewußter Anstrengung.

Die zweite Stufe, nach dem *shiho*, ist die Zeit der unbewußten Konzentration. Der Schüler ist in einem Zustand inneren Friedens. Jetzt kann er zum wahren Assistenten des Meisters und später auch selbst Meister werden und seinerseits andere unterweisen.

In der dritten Stufe erreicht der Geist die wahre Freiheit. „Freier Geist — freies Universum." Nach dem Tode des Meisters ist man selbst ganz und gar Meister. Allerdings, man darf natürlich nicht den Tod seines Meisters erwarten oder gar wünschen, um dadurch frei zu sein!...

Diese drei Stufen sind im Zen und im *budo* durchaus identisch.

Das Geheimnis des Budo ist das Geheimnis des Zen

Einst wollte ein *samurai*, ein großer Meister des Schwertes, das wahre Geheimnis seiner Kunst ergründen. Dies geschah zur Zeit der Tokugawa. Um Mitternacht ging er ins Allerheiligste von Kamakura, erklomm die vielen Stufen, die zu ihm führten und richtete ein Gebet an Hachinam, den Gott dieses Ortes. Hachinam ist ein großer *bodhisattva* und wurde in Japan zum Schutzherrn des *budo*. So richtete der *samurai* also an ihn ein Gebet. Es war Mitternacht, und als er die Stufen wieder hinabstieg, spürte er, daß ihm unter den Bäumen ein Ungeheuer auflauerte. Intuitiv zog er sein Schwert und tötete es im gleichen Augenblick. Das Blut spritzte hervor und ergoß sich auf die Erde. Er hatte es unbewußt getötet. Zwar hatte ihm der *bodhisattva* Hachinam das Geheimnis des *budo* nicht verraten, doch durch dieses Erlebnis auf dem Heimweg hatte er es verstanden.

Intuition und Handlung müssen im gleichen Moment hervortreten. In der Ausübung des *budo* kann es kein Nachdenken geben. Nicht eine einzige Sekunde. Wenn man handelt, müssen Absicht und Handlung gleichzeitig geschehen. Wenn man sich fragt: „Da ist ein Ungeheuer, wie kann ich es töten?", wenn man zögert, tritt allein das Großhirn in Aktion. Doch Großhirn, Thalamus und Handlung müssen übereinstimmen und „in diesem Augenblick" identisch sein. Wie das Spiegelbild des Mondes auf dem fließenden Wasser nicht fest bleibt, obschon der Mond scheint und sich nicht bewegt. Das ist das *hishiryo*-Bewußtsein.

Wenn ich beim Zazen sage: „Nicht bewegen, nicht bewegen!", so bedeutet dies eigentlich, daß wir nicht an einem Gedanken hängenbleiben, sondern die Gedanken vorbeiziehen lassen sollen. In vollkommener Reglosigkeit zu verharren, bedeutet eigentlich, nicht zu verharren. Sich nicht zu bewegen, bedeutet eigentlich, sich zu bewegen und nicht zu schlafen. Das ist wie bei einem Kreisel. Wenn er sich in voller Geschwindigkeit dreht, glaubt man, er sei unbeweglich. Man sieht seine Bewegung nur am Anfang und wenn er am Ende wieder langsamer wird. Gleichermaßen ist die Ruhe in der Bewegung das Geheimnis des *kendo*, des Schwert-WEGES. Es ist dies das Geheimnis des *budo* überhaupt wie auch des Zen — beide haben den gleichen Geschmack.

Alle Kampfkünste, und seien ihre Techniken und ihre Taktik noch so unterschiedlich, besitzen eben diesen Geist. So ist *judo* (oder *yawara*) der Weg des Nachgebens (*ju* = sanft, *do* = der WEG). Es wurde von Meister Kano nach der Meiji-Restauration entwickelt. Auch die kämpferischen *samurai* lernten *yawara*, die Technik der Weichheit. In Japan mußten die *samurai* sowohl die militärischen als auch die zivilen Künste erlernen. Sie mußten den Buddhismus, Lao-tsu und Kung-tsu studieren und sich gleichzeitig in *judo*, Reiten und Bogenschießen üben. Seit meiner Kindheit habe ich bei meinem Großvater väterlicherseits *yawara* gelernt. Der Vater meiner Mutter aber war Doktor der östlichen Medizin. So bin ich schon seit jener Zeit sowohl mit dem *judo* als auch mit der östlichen Medizin vertraut, und ich habe so nach und nach verstanden, wie die Kampfkünste und Zen ein und denselben Geschmack haben, und daß auch Zen und die östliche Medizin eine Einheit sind. Kodo Sawaki sagte in seinen Vorträgen immer: ihr Geheimnis ist *kyu shin*, die ,,Kunst, den Geist zu lenken".

Den Geist lenken

Wie kann man seinen Geist lenken? Das ist ein Problem des Zen und weniger eines der Technik der Kampfkünste. Das japanische *budo* ist die Einheit der Kampfkünste *und* des Zen. Wie können wir unseren Geist erziehen und lernen, ihn zu lenken? Kodo Sawaki sprach von der Schule *Kyushin-ryu*, die das Geheimnis des *yawara* in einem überlieferten Text bewahrt. Ein Kapitel handelt vom „ruhigen Geist", das ich hier auszugsweise wiedergeben möchte:

„Die wahre Technik des Körpers, das *waza* dieser *yawara*-Schule, muß die Substanz des Geistes selbst sein. Die Substanz ist der Geist. Man darf nicht den Körper des Gegners betrachten, sondern muß vielmehr seinen eigenen Geist lenken.

Es gibt keinen Feind.

Der Geist ist ohne Form, und doch kann er zuweilen Form annehmen — das ist wie beim Zazen!

Manchmal kann man seinen Geist erfassen, doch manchmal ist es unmöglich. Wenn die Aktivität des Geistes den Kosmos, also den Raum zwischen Himmel und Erde, erfüllt und wir die sich bietende Gelegenheit zu nutzen wissen, dann können wir über alle und ständigem Wandel unterliegenden Ereignisse frei verfügen, können Unglücksfälle vermeiden und die zehntausend Dinge in einem einzigen angreifen."

Ohne Kommentar ist dieser Text schwer zu verstehen, doch wer sich im *judo* tiefgründig geübt hat, kann seinen Geist erfassen.

Im *Genjokoan*, einem anderen traditionellen Text, den Kodo Sawaki oft besprochen hat, heißt es: „Wenn du in einem Boot bist und nur auf das Ufer schaust, denkst du, daß sich das Ufer bewegt, wenn du aber auf das Boot schaust, wirst du entdecken, daß es eigentlich das Boot selbst ist, das sich bewegt." Wenn wir tatsächlich aufmerksam und tiefinnerlich in unser Boot schauen, können wir feststellen, daß es wirklich das Boot ist, das sich bewegt und so unsere Sinnestäuschung überwinden. Gleichermaßen, wenn die Menschen alle Wesen und Erscheinungsformen durch ihre Täuschungen und Irrtümer hindurch betrachten, können sie sich etwas vormachen und denken, ihre ursprüngliche Natur sei abhängig und unbeweglich. Doch wenn sie einmal vertraut werden mit ihrem wahren Geist und zu ihrem ursprünglichen Wesen zurückkehren, verstehen sie, daß alle Erscheinungsformen und alle Existenzen in ihnen selbst sind und daß dies für alle Wesen gilt.

Das ursprüngliche Wesen des Seins kann durch die Sinneseindrücke nicht wirklich erfaßt werden. Wenn wir es durch unsere Sinne erleben, so ist die objektive Materie doch nicht wirklich, sie ist nicht eigentlich

Substanz, sondern Einbildung. Wenn wir glauben, die Substanz unseres Geistes sei derart, so irren wir uns. Jeder ist anders. Die Formen und Farben sind dieselben, doch jeder sieht sie durch seine physiologischen und psychologischen Täuschungen und Illusionen anders. All diese unsere Alltagsprobleme finden mit der Zeit, in 20 oder 30 Jahren etwa, eine Lösung, und in dem Moment, wenn wir in den Sarg gehen, sind sie ganz und gar gelöst. Die Zeit ist die beste Lösung für Geld- und Liebesprobleme. Wenn ihr in den Sarg steigt, liebt euch keiner mehr, abgesehen vielleicht von geistiger Liebe. Die Probleme des Lebens sind für jeden verschieden, und jeder braucht ein anderes Mittel, um sie zu lösen. Jeder muß daher seine eigene Methode finden. Wenn man nur imitiert, macht man unweigerlich Fehler. Man muß selbst schöpferisch sein.

Hier und Jetzt

Ihr und ich, wir sind verschieden. Wenn man für sein eigenes Leben die Lösung nicht finden kann, wird es in eine Sackgasse führen! Wie können wir — *hier und jetzt* — unser Leben erschaffen? Ein Film läuft ab; wenn wir ihn anhalten, wird das Bild fest und unbeweglich. Den Kampfkünsten und Zen ist gemeinsam, daß sie die Energie erschaffen und konzentrieren. Wenn wir uns *hier und jetzt* konzentrieren und die wahre Energie unseres Körpers befreien, können wir uns aufmerksam betrachten und neu aufladen. Öffnet man die Hand, kann man alles empfangen. Schließt man sie, kann man überhaupt nichts bekommen. In den Kampfkünsten muß man die Elemente und die Erscheinungsformen durchdringen und nicht an ihnen vorbeigehen. In diesem Sinne sind die Kampfkünste ausgesprochen männlich, denn der Mann durchdringt die Frau. Heutzutage will aber jeder mit seiner Energie sparen. So lebt man immer nur halb, ist immer unvollständig und lau wie Badewasser.

Man muß lernen, das Leben zu durchdringen.

Daher besteht das Geheimnis der Kampfkünste darin, zu lernen, den Geist zu lenken (*ryu gi*). Dies bildet die Grundlage der körperlichen Technik. Der Geist muß

Substanz werden. Der Geist ist Substanz, ist ohne Form und hat doch manchmal Form. Wenn die Aktivität des Geistes den ganzen Kosmos erfüllt, nutzt er die sich bietende Gelegenheit und kann so Unfälle vermeiden und die zehntausend Dinge in einem einzigen angreifen. Das bedeutet etwa in einem Kampf, daß sich unser Geist durch keine Bewegung des Gegners, durch keine seiner körperlichen und geistigen Handlungen beeinflussen lassen darf. Er muß frei sein und darf weder an der Hoffnung haften, den Gegner angreifen zu können, noch darf er aufhören, ihn zu beobachten. Man muß von Augenblick zu Augenblick vollkommen aufmerksam sein.

Im täglichen Leben ist es das gleiche. Manche Leute denken nur an Geld, da es alle Wünsche befriedigen kann. Und so verlieren sie sogar die Ehre dafür. Andere denken nur an Ehrungen und verlieren so ihr Geld. Wieder andere konzentrieren sich nur auf die Liebe und verlieren ihr Geld und ihre Energie. Doch unser Glück ist nicht so einseitig.

Wir müssen unser Leben erschaffen, frei und ungebunden werden und nur aufmerksam sein im Hier und Jetzt, denn in ihm ist alles enthalten.

Das Bild des Mondes im Fluß ist immer in Bewegung. Doch der Mond ist da, und er verschwindet nicht. Er bleibt und bewegt sich doch.

Dieses kurze Gedicht handelt vom Geheimnis des Zen und der Kampfkünste, und es ist auch ein ganz großes *koan*. Das fließende Wasser kommt niemals zurück, es zieht vorbei und immer vorbei... Doch der Mond bewegt sich nicht. Im Kampf muß der Geist sein wie der Mond, doch der Körper und die Zeit ziehen vorbei, vorbei, vorbei — wie der Lauf des Wassers. Der gegenwärtige Augenblick kommt niemals zurück. Beim Zazen ist keine Einatmung und keine Ausatmung jemals dieselbe wie jetzt und kehrt auch niemals wieder. Man kann seine Atmung vielleicht unterdrücken, doch die Atmung von jetzt wird niemals diejenige von zuvor. Gestern war gestern. Heute ist heute. Beide sind verschieden. Ich betone immer wieder, daß wir uns immer *hier und jetzt* konzentrieren, das Hier und Jetzt erschaffen müssen. So wird man „frisch" und neu. Das gestrige Zazen ist nicht das gleiche wie heute. Das Zazen muß immer frisch sein — *hier und jetzt*. Ihr dürft euch beim Zazen nicht ausruhen, ebensowenig wie in der Übung der Kampfkünste. Es nur halb tun, ist nicht gut. Man muß es bis zum Grund ausschöpfen, sich ihm vollkommen hingeben. Man darf keinen Rest von Energie zurückbehalten. Sich zu konzentrieren bedeutet, die Energie vollkommen herauszulassen. Und dies in jeder Handlung des Lebens.

In der modernen Welt sehen wir jedoch genau das Gegenteil. Die jungen Menschen leben nur halb, und halb sind sie tot. Auch ihre Sexualität ist nur halb. Bei der Arbeit oder beim Zazen denken sie an Sex — und umgekehrt. Und so ist alles in ihrem Leben.

Wenn man jedoch seine Energie vollkommen verausgabt, kann man die frische, neue Energie aufnehmen, die da fließt wie das Wasser.

Wenn man im Kampf auch nur einen Rest von Energie zurückhält, kann man nicht gewinnen. Das ist das Geheimnis der Kampfkünste. Wir dürfen vom *waza*, der Technik, nicht abhängig sein. Man muß schöpferisch sein. Wenn ein reicher Mann seinem Sohn immer Geld gibt, lernt dieser nicht, selbst Geld zu verdienen. Und umgekehrt muß der Sohn eines armen Mannes eben seine Methode finden, sich welches zu verschaffen. Die Kampfkünste sind keine Theaterspielerei. Das wäre kein wahres *budo*. Das Geheimnis der Kampfkünste ist, wie Kodo Sawaki immer sagte, daß es weder Sieg noch Niederlage gibt. Weder kann man siegen noch kann man besiegt werden! Sport und die japanischen Kampfkünste sind etwas Verschiedenes. Im Sport gibt es das Element der Zeit. In den Kampfkünsten gibt es nur den Augenblick. Beim Baseball zum Beispiel erwartet der Schläger den Ball — er hat Zeit, und die Handlung geschieht nicht in einem einzigen Moment. Genauso ist es beim Tennis, Rugby, Fußball und allen anderen Sportarten. Die Zeit zerrinnt, und man kann derweil, und sei es auch nur kurz, an etwas anderes denken! In den Kampfkünsten gibt es jedoch keine Wartezeit. Sieg oder nicht Sieg, leben oder nicht leben — das entscheidet sich in einem Augenblick. Man muß im Augenblick leben — in ihm entscheiden sich Leben und Tod ganz und gar.

MONDO

警策

Kyosaku, der Stock der Erweckung

Frage — Bei einer Danprüfung sagte uns ein Meister einmal, daß es drei wichtige Dinge gibt: shin, waza *und* tai *— Geist, Technik und Körper. Welches ist von diesen das wichtigste?*

Antwort — In den Kampfkünsten ist es wie im Gospiel sehr nützlich, die Technik (*waza*) gut zu beherrschen. Und sicherlich ist es so, daß bei einem jungen Menschen der Grundton mehr im Körperlichen liegt, bei einem älteren dagegen wird Technik und Geist vorherrschen. Das wichtigste bleibt aber immer *shin*, der Geist. Dann kommen Technik und Körper. Im Sport muß, vor allem im Westen, die körperliche Kraft am meisten entwickelt sein. In den Kampfkünsten ist das jedoch nicht so. Im *judo* etwa muß der Körper gebildet werden, doch gegenüber Technik und Geist/Intuition, durch welche er überhaupt erst eingesetzt wird, ist er zweitrangig. Wenn eine starke Technik und ein starker Körper einander im Kampf begegnen, wird die Technik siegen. Wenn ein starker Geist einer starken Technik begegnet, wird es der Geist sein, der siegt, denn er weiß die Lücken beim Gegner zu finden. Ihr kennt vielleicht die Geschichte des *samurai*, der nach einem Streit gegen einen Arbeiter antrat. Er setzte einen Würgegriff an, an dem der Arbeiter schon fast erstickt wäre, als dieser plötzlich die Hoden seines Gegners zu fassen bekam und mit aller Kraft daran zog. Und schon mußte der *samurai* loslassen und war besiegt...

Das Training darf sich nicht nur auf die Entwicklung des Körpers richten. Nun ist es ja so, daß man in den heutigen Wettkämpfen nicht mehr auf Leben und Tod kämpft, sondern nur Punkte sammelt. Also genügen körperliche Kraft und Technik. Früher war das ganz und gar anders, denn da ging es ums Leben. Letztlich hing alles von der Intuition ab. Man sollte diese Idee heute wiederentdecken und sich in jedem Wettkampf so verhalten, als hinge das Leben davon ab, auch wenn man nur mit Holzschwertern kämpft. So könnten die Kampfkünste ihrem wahren Sinn gerecht werden: die Übung des WEGES. Andernfalls ist alles nur Spielerei...

Die Kraft des Körpers, der Technik und des Geistes liegen mehr oder weniger eng beieinander, doch immer entscheidet *shin*, der Geist, über den Ausgang eines Kampfes.

Ich habe auch schon die Geschichte des *samurai* erzählt, der zu dem berühmten Meister Miyamoto Musashi kam, um bei ihm den wahren WEG des Schwertes zu lernen. Der Meister nahm ihn an. Als sein Schüler verbrachte der *samurai* nun seine Zeit damit, auf Geheiß des Meisters Holz herbeizuschaffen und zu spalten, und von der fernen Quelle Wasser zu holen. Und das jeden Tag. Ein Monat, zwei Monate, ein Jahr, drei Jahre vergingen so. Heute würde jeder Schüler schon nach ein paar Tagen oder gar Stunden das Weite suchen. Der *samurai* hielt durch und übte so seinen Körper.

Nach drei Jahren hielt es aber auch ihn nicht mehr, und er sprach zu seinem Meister:

„Welches Training absolviere ich nun eigentlich? Seit meiner Ankunft habe ich kein Schwert berührt. Ich verbringe meine Zeit mit tagelangem Holzhacken und Wasserholen. Wann werde ich Eure Unterweisung erhalten?" „Schon gut", antwortete der Meister. „Ich werde dich in der Technik unterrichten, wenn du es wünschst." Er führte ihn ins *dojo* und hieß ihn von morgens bis abends am äußeren Rand der *tatami*-Matte zu laufen, immer rund um die Halle, Schritt für Schritt, und ohne einen Fehltritt zu tun.

F. — *Das ist doch genau die Art, sich im* kendo *zu bewegen, ein Fuß hinter dem anderen und dann Gleitschritte —*

A. — Ja. Der Meister lehrte ihn so die Konzentration auf das Laufen. Sich auf eine Handlung zu konzentrieren, sie vollkommen auszuführen. Denn die Einzelheiten und Kniffe der Technik sind gegenüber der Konzentration zweitrangig. Wenn man richtig konzentriert ist, genügt eine einzige Bewegung.

Also lief der Schüler ein Jahr lang auf dem Rand der *tatami*. Als diese Zeit verstrichen war, sprach er zu dem Meister: „Ich bin ein *samurai*, der schon viel gefochten und viele andere Meister des *kendo* getroffen hat. Keiner hat mich so unterwiesen wie Ihr. Lehrt mich doch jetzt bitte den wahren WEG des Schwertes!"

„Gut", sagte der Meister, „folge mir." Dann führte er ihn weit in die Berge, dorthin, wo ein Baumstamm über eine Schlucht von erschreckender Tiefe führte. „Nun denn", sprach der Meister, „geh hinüber." Der Samuraischüler verstand nun gar nichts mehr, zögerte vor dem Abgrund und wußte nicht, was er tun solle. Plötzlich hörten sie hinter sich — klopf, klopf, klopf — das Geräusch eines Blindenstockes. Der Blinde ging, ohne ihre Anwesenheit zu bemerken, an ihnen vorbei und überquerte mit Hilfe seines Stockes die Schlucht auf dem Baumstamm, ohne zu zögern.

„Aha", dachte der *samurai*, „ich beginne zu verstehen. Wenn der Blinde so hinübergeht, muß ich es auch so machen." Und in diesem Moment sagte der Meister: „Ein Jahr lang bist du auf dem äußeren Rand der Matte gelaufen, der schmaler ist als dieser Baumstamm. Also mußt du hinübergehen." Der *samurai* verstand — und überquerte die Brücke in einem Stück.

Nun war das Training vollständig: drei Jahre für den Körper, ein Jahr für die Konzentration auf eine Technik, das Laufen, und für den Geist die Begegnung mit dem Abgrund, die Begegnung mit dem Tod.

F. — Doch warum ist nun der Geist das Wichtigste?

A. — Weil allein er letztlich entscheidet.

In den japanischen Kampfkünsten früherer Zeit brachte ein einziger korrekter Hieb den Tod. Daher die Langsamkeit und Konzentration der Bewegungen vor dem Angriff. Ein Schlag, und alles ist zu Ende — einer war tot, manchmal beide, wenn nämlich beide gleichzeitig einen korrekten Hieb durchführten. Alles spielte sich in einem Augenblick ab. In diesem Moment entscheidet der Geist alles, Technik und Körper folgen. In allen Sportarten heute gibt es einen Moment des Abwartens; in den Kampfkünsten jedoch gibt es das nicht. Wenn man einen auch noch so kurzen Moment wartet, zieht der Gegner daraus Nutzen, und man ist verloren. Der Geist muß ununterbrochen auf die Situation konzentriert sein, bereit zu handeln und zu reagieren. Daher ist er von vorrangiger Bedeutung.

F. — Aber wie soll man die Angriffstechnik auswählen?

A. — Das ist keine Frage der Wahl. Das muß unbewußt, automatisch und natürlich geschehen. Das Denken darf nicht dazwischentreten, denn sonst gibt es eine Wartezeit und damit eine Lücke. Die ständige, wache Bewußtheit der gesamten Situation ist daher Voraussetzung dafür, daß die korrekte Technik erscheint. Das Bewußtsein wählt einen Schlag — Technik und Körper gehen nach vorn. Und damit Schluß.

F. — Im kendo *zum Beispiel gibt es die* debana waza *— angreifen, bevor der Gegner es tut, schlagen, bevor der Gegner schlägt. In dieser* debana-*Technik ist die Intuition in der Tat sehr wichtig.*

A. — Sie ist *immer* essentiell! Wenn der Gegner euch einen unerwarteten Hieb versetzt, müßt ihr eben die Intuition der Abwehr, das Bewußtsein der Flucht haben. Euch vor dem Angriff in Sicherheit bringen!

Das Bewußtsein, das die geeignete Reaktion des Körpers und der Technik auslöst. Doch wenn ihr denkt: „Ich muß jetzt diese oder jene Technik anwenden", werdet ihr schon im selben Moment getroffen. Die Intuition löst den Körper und die Technik. Körper und Bewußtsein vereinigen sich, das heißt, man denkt mit dem ganzen Körper, man *ist* ganz und gar in dieser Reaktion.

Deshalb ist es auch schwierig, über die Wichtigkeit oder die Hierarchie von *shin* (Geist), *waza* (Technik) und *tai* (Körper) Kategorien zu bilden. Alle müssen eins sein, nicht getrennt. Nur ihre vollkommene Einheit schafft die rechte Handlung. Nicht ihre Trennung, sondern die vollkommene Einheit.

In den japanischen Kampfkünsten wurde der WEG des Schwertes, *kendo*, immer als die edelste dieser Künste betrachtet, denn er vereinigt am besten diese drei Faktoren, Bewußtsein/Intuition, Körper und Technik.

F. — *In der ganzen Welt üben zwölf Millionen Menschen* kendo, *sechs Millionen* judo, *fünf Millionen* karate, *eine Million* aikido *und zweihunderttausend* kyudo, *das Bogenschießen...*

A. — In all diesen Kampfkünsten ist die Einheit von Geist, Körper und Technik essentiell.

Erst denken und dann schlagen ist nicht die rechte Handlung. Man muß das *suki*, die Gelegenheit, die Möglichkeit zum Handeln erfassen. Diese Gelegenheit ist sehr wichtig. Das Denken kann dies nicht. Allein das

Bewußtsein, die Intuition, kann diese Gelegenheit, die Lücke, in der man handelt, erfassen.

F. — *Eine Schießscharte...*

A. — Die günstige Gelegenheit für die Handlung. Die Möglichkeit des Angriffs. Den Fehler erfassen. Intuitiv — und das ist ein sehr wichtiger Punkt — muß man den Moment erfassen, in dem der Gegner *beim Einatmen* eine Lücke bietet...

F. — *Die Einatmung des Gegners oder die eigene?*

A. — Die des Gegners. Ihr selbst müßt vor und beim Angriff ausatmen. Beim Karate kann ein Stoß, den man während der Einatmung erhält, sehr gefährlich sein. Beim Ausatmen nicht. Man muß also eine Gelegenheit erfassen, wo der Gegner einatmet, denn dann bietet er eine Lücke, ein Loch.

F. — *Warum?*

A. — Immer gibt es beim Einatmen eine Gelegenheit, denn der Körper wird leichter und ist weniger konzentriert. Die Einatmung ist eine sehr gute Chance, die der Geist/Körper ergreifen muß. Bei der Einatmung des Gegners anzugreifen, wenn er eine schwache Stelle zeigt, einen Fehler in seiner Abwehr oder seiner Haltung, das ist ein sehr großes Geheimnis.

Die Einatmung ist ein gutes *suki*, eine gute Gelegenheit. Ebenso eine zu große Anspannung. In einem Wettkampf kann man auch die Aufmerksamkeit nicht immer auf der gleichen Höhe halten. Irgendwann wird unsere Aufmerksamkeit schwächer, und wir bieten eine Lücke, ein *suki*, das der Gegner in der Lage sein muß zu ergreifen.

Doch diese Frage der Gelegenheit findet sich in allen Arten des Kampfes, nicht nur in den Kampfkünsten — auch in Diskussionen und geschäftlichen Dingen...

Ihr dürft keine Lücken zeigen — weder in den Kampfkünsten noch im Alltag. Das ganze Leben ist ein Kampf. Man muß konzentriert bleiben, darf seine schwachen Punkte nicht aufdecken und muß ihre Zahl durch fortgesetzte Übung in der Meisterung seiner selbst verringern. Die gesamte Erziehung im traditionellen Japan basiert auf dieser Wachsamkeit: seine schwachen Punkte nicht zeigen, damit der andere nicht davon profitiert. Das Wettkampfspiel besteht darin, den schwachen Punkt des Gegners aufzudecken — durch die Aufmerksamkeit, den Willen und die Konzentration. Und wenn sich die Gelegenheit bietet, sie ohne nachzudenken voll ausnutzen.

Im Wettkampf wie in den Kämpfen des täglichen Lebens, dem *struggle for life*, ist besonders die Beobachtung der Augen sehr, sehr wichtig. Denn wenn sich die Augen des Gegners bewegen, unruhig werden, zögern, zweifeln, schwach werden, so liegt darin ein *suki*, eine Gelegenheit, eine Lücke. In keinem kritischen Moment des Lebens darf man seine schwachen Punkte zeigen, denn sonst läuft man fehl, fällt und wird besiegt. Diese Wachsamkeit entsteht auch nicht aus einer ständigen Anspannung des Körpers, der auf diese Weise sehr schnell müde würde, sondern aus der Aufmerksamkeit des Bewußtseins. Daher ist der Geist (shin) so wichtig. Der Körper zeigt schwache Punkte, doch der Geist kann alles korrigieren und in die richtigen Bahnen lenken.

F. — Letztes Jahr sah ich in Kyoto zwei Kendomeister, beide etwa achtzig Jahre alt, die in einem Turnier aufeinandertrafen. Fünf Minuten standen sie sich Auge in Auge gegenüber, das Schwert in der Hand, Spitze gegen Spitze, völlig unbeweglich. Und nach Ablauf dieser fünf Minuten entschied der Kampfrichter auf hikiwake, *unentschieden.*

A. — Ja. Wenn man sich bewegt, zeigt man immer schwache Stellen. Dort, wo junge Leute mit mehr oder weniger unbeherrschten Angriffen und Aktionen kraftvoll um sich schlagen würden, wo Männer reifen Alters all ihre technische Erfahrung ins Spiel brächten, haben sich diese beiden alten Meister mit einem geistigen Kampf begnügt, einem Kampf durch die Augen und mit den Augen. Hätte sich einer der beiden bewegt, hätte auch sein Bewußtsein sich bewegt und er eine Lücke gezeigt. Der erste, der schwach geworden wäre, wäre ganz und gar verloren gewesen, denn der andere hätte sofort zugeschlagen.

Ihr kennt ja die Geschichte von den drei Katzen...

Ein *samurai* hatte zu Hause eine Ratte, die er nicht loswerden konnte. Er erwarb daher eine wundervolle, kräftige und mutige Katze. Doch die Ratte war schneller, und so zog die Katze den kürzeren. Da nahm der *samurai* eine andere Katze, die war ungemein schlau und durchtrieben. Doch die Ratte nahm sich in acht und zeigte sich nur noch, wenn die Katze schlief. Also lieh ihm ein Zenmönch des benachbarten Tempels seine Katze. Diese hatte gar nichts Besonderes an sich, schlief den ganzen Tag, ohne sich um ihre Umgebung zu kümmern. Der *samurai* zuckte mit den Schultern, doch der Mönch bestand darauf, sie ihm zu überlassen. Die Katze verbrachte ihre Zeit mit Schlafen, und bald faßte die Ratte wieder Mut und lief sogar vor der Katze hin und her, die sich offensichtlich nicht darum kümmerte. Und eines Tages, ganz plötzlich, fing die Katze mit einem einzigen Hieb die Ratte und streckte sie nieder. Körperliche Kraft und technische Geschicklichkeit sind eben nichts ohne die Wachsamkeit des Geistes.

Ein rechtes Bewußtsein ist für die rechte Bewegung des Körpers essentiell.

F. — Was kann man tun, um die rechte Konzentration zu behalten? Wenn die Spannung nachläßt, kann man ja nicht unbeweglich bleiben!

A. — Euer Bewußtsein darf weder haltlos noch berechnend sein. Einfach sich ganz und gar dem anpassen, was gerade geschieht. Richtet eure Konzentration ständig auf die Atmung, auf die Ausatmung; sie muß langsam sein, langandauernd und so tief wie möglich in den Unterbauch, das *hara*, hinabsteigen. Und laßt mit euren Augen die Augen des Gegners nicht los. Folgt so eurer inneren Bewegung. In dem Schwertkampf, den wir hier zwischen Meister Yuno und einem seiner

Schüler gesehen haben, war letzterer nach ein paar Minuten ganz außer Atem und ohne Spannung. Meister Yuno dagegen war einfach nur da, konzentriert und ruhig, ganz und gar ruhig. Vollkommen wachsam. Und mit einem Mal stieß er die Spitze des Schwertes an die Kehle seines Schülers und warf ihn so von der Matte. Eine einzige Bewegung hat ihm in dem Augenblick, als sich beim Gegner ein schwacher Punkt zeigte, genügt. Konzentriert euch also auf die Ausatmung, das ist sehr wichtig. Sie soll so lange wie möglich und so ruhig wie möglich sein — das hilft, nicht müde oder auch leidenschaftlich zu werden.

F. — Wenn die samurai *sich in der Nacht duellierten, konzentrierten sie sich wohl auf den Schatten des Gegners?*

A. — Genau. Die Bewegung des Schattens zeigt ganz klar die Bewegung von Körper und Bewußtsein. Doch das hinderte sie nicht daran — ganz im Gegenteil —, kraftvoll im *hara* auszuatmen... Doch ihr könnt und müßt auch in den einfachsten Übungskämpfen diese grundlegende Konzentration wiederfinden, nicht nur in Turnieren. Für diese braucht man nicht zu trainieren. Was zählt, ist die Kraft eurer Konzentration. Man muß die Spannung des Körpers und die technische Geschicklichkeit in der Aufmerksamkeit/Intuition des Geistes zusammenführen. Dann ist der Geist *ku*, Leerheit, und ohne Lücken. *Das* ist Zen. Und das ist auch der wahre Weg des *budo*. Angesichts des Todes *und* angesichts des Lebens muß das Bewußtsein ruhig bleiben. Und man muß sein Leben und seinen Tod „beschließen" und voll und ganz akzeptieren, nicht einfach nur über sich ergehen lassen. Selbst wenn mein Körper stirbt, muß mein Geist aufrecht bleiben. Das ist die Übung des Zen und des *budo*. Eines Tages gab auch der große Meister Miyamoto Musashi sein Leben des Kampfes auf, um sich allein der Lösung dieses Problems zu widmen: *wie sterben...* — und er übte Zazen!!

F. — In Europa, den Vereinigten Staaten und Japan üben viele Menschen die Kampfkünste, ohne den wahren Weg des budo *oder den des Zen zu gehen. Und die allgemeine Ansicht geht dahin, vorzugeben, die Prinzipien des Zen, die Philosophie des Zen habe nichts mit der sportlichen Praxis der Kampfkünste zu tun.*

A. — Wer der Lehre des Zen, der wahren Grundlage des *budo*, nicht folgen will, braucht es nicht zu tun. Er benutzt eben die Kampfkünste als ein Spielzeug, als einen Sport unter vielen. Wer eine höhere Dimension seines Wesens und seines Lebens erreichen will, muß das verstehen. Man kann niemanden zwingen und niemanden kritisieren. Nur eben, die einen sind wie Kinder, die mit Spielzeugautos spielen, die anderen lenken richtige Autos... Ich habe nichts gegen Sport — er trainiert den Körper und die Ausdauer. Doch der Kampfgeist und die Kraft, die sich dort finden, sind nicht gut. Dies zeugt von einer falschen Sicht des Lebens. Die Wurzel der Kampfkünste liegt aber woanders.

Die Lehrer in unserer Zeit sind für diesen Zustand der Dinge mitverantwortlich. Sie schulen den Körper und die Technik, doch nicht das Bewußtsein. Ihre Schüler kämpfen daher nur, um zu gewinnen, sie spielen Krieg wie kleine Kinder. Darin liegt überhaupt keine Weisheit.

Das nützt ihrer Lebensführung in keiner Weise! Welchen Nutzen hat ihre Technik für ihr tägliches Leben? Sport ist nur Unterhaltung, und im Grunde verbraucht er durch den Kampfgeist den Körper. Deshalb müssen die Kampfkünste ihre ursprüngliche Bedeutung wiederfinden. Im Geist des Zen und des *budo* wird der *Alltag* der Ort des Kampfes. In jedem Augenblick muß man bewußt sein, beim Aufstehen, Arbeiten, Essen, Schlafengehen. Darin liegt die Meisterung seiner selbst.

F. - Ist die „Championitis" eine Krankheit des Geistes?

A. — Aber sicher! Welch traurige Sicht des Lebens! Doch das soll nicht heißen, daß man nicht Champion werden darf, warum auch? Das ist eine Erfahrung wie andere auch. Aber man darf nicht davon besessen sein! Auch in den Kampfkünsten muß man *mushotoku* sein, ohne Zielvorstellung und ohne Nützlichkeitsdenken.

F. — Könnten Sie etwas über das kiai *sagen, diesen Schrei, den man bei der Ausübung der Kampfkünste, besonders beim* karate *und* kendo, *ausstößt? In unserem* karate-dojo *müssen wir sehr oft mehrere solcher gewaltigen Schreie wiederholen.*

A. — Das *kiai*, dessen kraftvolle Schwingung den Gegner für einen Augenblick lähmt, kann man vergleichen mit dem *kwatz* der Meister des Rinzai-Zen, der dem Schüler einen Schock versetzen und ihn erwecken soll. Meiner Meinung nach ist es unnütz, es gleich mehrmals hintereinander zu wiederholen — einmal genügt, aber ein richtiges Mal. Stoßt daher den Schrei vollkommen heraus, sodaß er aus dem *hara* kommt, dem Unterbauch, den die Japaner auch *kikai* nennen — Meer der Energie. Dazu müßt ihr die Atmung des Zen erlernen, welche dieselbe ist wie im *budo*: langsam und so tief wie möglich ausatmen. Am Ende der Ausatmung erreicht die Energie ihren höchsten Punkt. Das *kiai* ist die Verbindung dieser Atmung mit einer kräftigen Stimme. Der Ton muß auf natürliche Weise aus der Tiefe kommen, und dazu muß man selbstverständlich wissen, wie man richtig atmet. Und das ist selten der Fall. Nach dem Zazen, wenn wir bei der Zeremonie das *Hannya Shingyo* rezitieren, das Sutra der Vollkommenen Weisheit, so tun wir das zur allgemeinen Übung der Atmung. Die Stimme muß dabei bis zum Ende der Ausatmung reichen. Das ist eine gute Übung für das *kiai*. *Kiai* kommt von *ki* (Energie) und *ai* (Einheit), es bedeutet daher die Einheit der Energie. Ein einziger Schrei, ein einziger Moment, in dem die ganze Raum-Zeit-Dimension, der ganze Kosmos liegt.

(Der Meister demonstriert hier ein furchterregendes kiai, das alle Zuhörer aufschreckt, und lacht.)

Doch in dem *kiai*, das man gemeinhin in den *budo*- und *zendojo* ausstößt, findet man nie diese Kraft. Vielmehr verändern die Leute ihren Schrei entsprechend ihrer Persönlichkeit und 'verschönern' ihn, machen ihn 'klangvoll'. Darin ist nichts Authentisches und auch keine tiefe Kraft. Es erregt keine Furcht. Gesang oder ein paar Laute, das ist alles. In ihrem *kiai* liegt kein *ki*, keine Energie!

报心流

Kyushin-ryu, die Kunst, den Geist zu lenken

F. — Warum?

A. — Weil sie nicht zu atmen wissen! Niemand lehrt es ihnen. Und es dauert sehr lange, bis man es im Sinne eines wahren *budo*- oder Zen-Meisters erklären kann. Nicht die Höhe der Stimme macht die Kraft des Klanges aus! Der Ton muß aus dem *hara* kommen, nicht aus dem Hals! Betrachtet einmal eine Katze beim Miauen oder einen Löwen, wenn er brüllt — *das* ist ein *kiai*. Übt euch in der Atmung, doch versucht nicht, mit eurem *kiai* magische Kräfte zu erlangen. Auf dem Weg des *budo* wie auch dem des Zen muß man, ich wiederhole es, ohne Ziel und ohne Streben nach Nutzen üben. Aber die meisten Menschen wollen eben immer etwas erreichen, suchen nach dem Haben statt dem Sein.

F. — Sagen Sie uns bitte etwas über die Atmung in den Kampfkünsten und in der Haltung des Zazen.

A. — Ich kann es versuchen, doch das ist schwierig. Traditionellerweise lehren die Meister das niemals.

Nur wenn die Haltung korrekt ist, stellt sich die richtige Atmung ein. Um sie ganz genau demonstrieren zu können, müßte ich mich ausziehen. Ihr müßt sie mit eurem eigenen Körper verstehen. Eine kleine, natürliche Einatmung vom Solar Plexus aus, dann eine tiefe Ausatmung, bei der man auf die Eingeweide unter dem Nabel drückt. Bei einem Atemzug kann eine Ausatmung ohne weiteres eine, zwei, drei, vier und sogar fünf Minuten dauern. Als ich jung war, tauchte ich gern auf den Grund des Schwimmbeckens und blieb dort zwei bis drei Minuten. Beim Ausatmen (im Sanskrit *anapana-*

sati) hat auch der Buddha die Erleuchtung unter dem Bodhibaum gefunden.

Wenn ich die *sutras* lese, ist mein Atem sehr lang, denn ich bin an diese Art des Ausatmens gewöhnt. Wenn man ausatmet, gibt es eine ganz leichte Luftbewegung in den Nasenlöchern, und so kann man dies lange Zeit durchführen. Das ist sehr schwierig, und ich übe mich darin jetzt schon vierzig Jahre...

Zuerst müßt ihr mit dem Gehirn verstehen und dann üben. Diese Atmung ist eine Methode, um lange zu leben. Die meisten Menschen im Osten, die sehr alt werden, atmen auf diese Weise. Wenn ich beim *kinhin* in meinem Rhythmus ausatmen würde, käme keiner auch nur einen Schritt voran... Das alles hat eine Beziehung zu den Kampfkünsten, die ja, wie ich schon sagte, kein Sport sind. Um sie auszuüben, muß das *hara* stark sein. In den Kampfkünsten, der Rezitation der *sutras* und den Zeremonien gelangt ihr durch die Übung eurer Atmung zum tiefen Verständnis. Wenn ich die *sutras* mit den Schlaghölzern in Abschnitte einteile, müßt ihr so lange rezitieren, bis euer Atem zu Ende geht. Das ist eine gute Übung!

Professor Herrigel hat in seinem Buch *Zen in der Kunst des Bogenschießens* auch davon gesprochen. Er hat diese Kunst sechs Jahre lang studiert; doch erst als er die Atmung verstanden hatte, gab er seine Philosophie und sein Wissen auf und konnte endlich die Scheibe treffen. Mein Meister sagte: „Wäre er zu mir gekommen, hätte er schon lange verstanden!"

Auch *judo* und *karate* sind Atemübungen, doch die wenigsten wissen davon. Erst nach dem zweiten oder dritten *dan* stellt sich diese Atmung auf ganz natürliche Weise ein. Herrigel hat unbewußt verstanden: der Pfeil löst sich am Ende der Ausatmung. Im *judo* oder *karate* ist man während der Ausatmung stark; beim Einatmen ist man schwach. In diesem Augenblick kann ich einen Menschen auch ohne Messer mit einem beliebigen Gegenstand oder Schlag töten. Ich habe das in meiner Jugend selbst erfahren. Ich habe den Mann, dem ich gegenüberstand, zwar nicht getötet, aber er ist immerhin umgefallen, und viel hätte nicht gefehlt... Denn das Ende der Einatmung ist ein Punkt größter Verwundbarkeit. Dagegen am Ende der Ausatmung bewegt man sich überhaupt nicht.

Dies ist auch der Grund dafür, daß die Atemtechnik des *yoga* für die Kampfkünste keinen Nutzen hat. In Japan übt man kein *yoga*, denn man kennt die Atmung des Zen dort sehr gut. Wenn ihr diese versteht, könnt ihr euch ihrer auch im täglichen Leben bedienen. Wenn ihr euch in einer Diskussion erregt, wendet sie einmal an — leicht könnt ihr euch durch sie beruhigen... Ihr haltet euch unter Kontrolle. Umgekehrt kann ein starker Stoß, wenn er euch beim Einatmen trifft, die Herz- und Lungentätigkeit blockieren und euch töten. Versucht einmal, einen schweren Gegenstand zweimal hintereinander hochzuheben, einmal beim Einatmen, dann beim Ausatmen — ihr werdet den Unterschied sehen. Beim Ausatmen seid ihr viel stärker, die Füße stehen fest auf dem Boden, und ihr seid wie ein Tiger. Wenn ihr aber Angst habt oder euch einer Sache nicht sicher seid, dann versucht, lange auszuatmen. Das wird euch beruhigen und euch Kraft und mehr Sicherheit geben. Beim Ausatmen konzentrieren sich Energie und Bewußtsein.

F. — Wie kann man am besten lernen, zweckmäßig zu atmen?

A. — Indem man die Haltung des Zazen einnimmt. Früher, zur Zeit der *samurai*, gab es den Respekt vor der Meditation: vor dem Kampf konzentrierte man sich in Zazen. Erst Konzentration, dann Kampf. Man findet dies in Ansätzen noch heute in der — viel zu kurzen — Zeremonie vor den Wettkämpfen. In Zazen kann man seine Energien sammeln, die Gedanken wie Wolken am Himmel vorbeiziehen lassen, seine nervlichen und Muskelspannungen abbauen, sich auf die Haltung konzentrieren — Rücken gerade, Nacken gestreckt, Hände waagerecht ineinandergelegt, sodaß die Daumen weder Berg noch Tal bilden — und die wahre Atmung üben, die sich auf die tiefe Ausatmung in das *hara* (die Gegend des Unterbauchs zwei Finger unter dem Nabel) gründet.

Und dann — *zanshin*. Das ist ein Begriff aus dem japanischen Schwertkampf, dem *kendo*. *Zanshin* ist das, was wachsam und frei bleibt, ohne an etwas zu haften. Allein aufmerksam sein in dem, was geschieht — hier und jetzt. Nach und nach überträgt sich diese Handlungsweise auf jedes Tun im Leben. Im Geist des Zen wie auch des traditionellen *budo* ist immer das gesamte Verhalten im Spiel.

F. — Kann intensives Training der kata, *der Grundbewegungen der Technik, nicht die Zazen-Haltung ersetzen? Denn man übt dort doch auch Atem, Konzentration und Wachsamkeit.*

A. — Man kann die Übung einer Meditation im Sitzen, Zazen, eine Methode der Konzentration, zwar nicht mit dem Training von Bewegungsübungen vergleichen. Doch die Übung des Zazen kann den *kata* eine neue Dimension eröffnen.

Die wahre Essenz der *kata* liegt nicht in den Bewegungen selbst, sondern in der Art und Weise, wie der Geist sie richtig werden läßt. Man darf nicht denken: „Ich muß die *kata* so oder so machen", sondern man muß seinen Geist/Körper darin üben, jedes Mal eine Handlung ganz und gar zu vollführen, in sie in diesem Augenblick sein ganzes *ki* zu investieren.

Den wahren Geist der Handlung *leben* — die *kata* müssen durch die Übung mit dem Geist verschmelzen. Je stärker der Geist, umso stärker die *kata*.

F. — In den dojo *der Kampfkünste gibt es viele Handlungen, die zur Konzentration führen — die Art und Weise, seine Sachen zu ordnen und seine Schuhe aufzustellen, die Art und Weise, beim Eintreten zu grüßen, u.s.w.*

A. — Alle diese Handlungen sind *kata*! Die Art und Weise, sich zu verhalten, ist *kata*. Wenn man grüßt, so nicht einfach irgendwie — im Westen legt man so ungefähr die Hände zusammen und neigt ein wenig den Kopf; von der Schönheit der Gebärde hat man hier aber gar nichts verstanden! Man muß *ganz und gar* grüßen: langsam die Hände zusammenlegen, mit geraden Armen parallel zum Boden, die Fingerspitzen in der Höhe der Nase, dann den Rücken in dieser Haltung beugen, und all dies voll von Energie; dann kommt man wieder nach oben, die Hände noch immer zusammen, und legt dann die Arme ganz natürlich vor den Körper. Dieser ist aufrecht, der Nacken gestreckt, die Füße am Boden, der Geist ruhig.

(Mit majestätischer Gebärde erhebt sich der Meister und grüßt die Anwesenden Teilnehmer in der beschriebenen Weise.)

So bezeugt ihr allen Respekt vor dem Gegner, dem Meister, dem *dojo*, dem Leben! Man fragt mich manchmal, warum ich mich vor der Buddhastatue im *dojo* verneige. Doch ich grüße nicht die Statue aus Holz, sondern alle, die mit mir da sind, im *dojo* und im ganzen Kosmos. All diese Gebärden sind sehr wichtig, denn sie helfen, das rechte Verhalten zu üben. Sie erheischen Würde und Respekt und helfen unserem Wesen, zum normalen Zustand zu finden. Keiner ist normal heutzutage, jeder ist ein wenig verrückt, mit seinem Denken, das unablässig in Betrieb ist, und sie sehen die Welt eng und kümmerlich. Ihr Ego frißt sie auf. Sie glauben zu sehen, doch sie irren sich — vielmehr projizieren sie ihre Verrücktheit, *ihre* Welt, auf die Welt. Darin ist keinerlei Wahrheit und Weisheit zu finden! Genau deshalb sprachen auch Sokrates und Buddha und alle Weisen vor allem: „Erkenne dich selbst und du erkennst das Universum." Das ist der Geist des Zen und des traditionellen *bushido*. Dazu ist es sehr wichtig, sein Verhalten zu beobachten. Das Verhalten beeinflußt das Bewußtsein — rechtes Verhalten, rechtes Bewußtsein. Unsere Haltung hier und jetzt beeinflußt die ganze Umgebung: unsere Reden, unsere Gebärden, die Art und Weise, uns zu verhalten, all dies beeinflußt das, was um uns und in uns geschieht. Unsere Handlungen in jedem Augenblick und an jedem Tag müssen in der rechten Weise ausgeführt werden. Das Verhalten im *dojo* wird auf unser tägliches Leben zurückstrahlen. Jede Geste ist wichtig! *Wie* man ißt, *wie* man sich ankleidet, *wie* man sich wäscht und auf die Toilette geht, *wie* man sich anderen, seiner Familie, seiner Frau gegenüber verhält und mit ihnen zusammenlebt, *wie* man arbeitet, *wie* man in jeder Handlung ganz und gar *ist*... Man darf sein Leben nicht träumen, sondern muß ganz in dem sein, was man tut! Das ist das Training der *kata*. In diese Richtung geht der Geist des Zen und des *budo* gleichermaßen: beide sind wahre „Wissenschaften des Verhaltens". Darin gibt es keinerlei Einbildungen, welche die Welt verändert erscheinen lassen, wie das in vielen Religionen der Fall ist. Man muß die Welt — hier und jetzt — mit seinem Körper leben. Und sich auf jede Handlung, jede einzelne Geste konzentrieren.

F. — Das ist doch unmöglich!

A. — Glaubt ihr, der Buddha war perfekt? Er mußte Fehler machen wie jeder andere. Er war ein menschliches Wesen. Doch er suchte dieses rechte Verhalten, das höchste menschliche Ideal, zu erreichen. Die moderne Zivilisation versteht davon überhaupt nichts — schon von der Schulzeit an schneidet man euch vom Leben ab und theoretisiert...

Alles, was ich gesagt habe, müßt ihr recht verstehen: es geht hier nicht allein um äußere Erscheinung und äußeres Verhalten, sondern auch und gerade um unsere innere Haltung. Welches Verhalten soll man an den Tag legen? Das ist ein großes Problem! Doch Zen macht es uns klarer. Es ist dies ein Problem, mit dem sich alle philosophischen Schulen befaßt haben: Existentialismus, Behaviorismus, Strukturalismus... Und doch gibt uns keine davon den Schlüssel für unsere Lebensführung. Immer enden sie darin, sich in Begriffen und Kategorien einzubauen — jedoch die tiefe Quelle und den langen Strom des Lebens kann man so nicht einfangen. Ein *koan* besagt: „Warm oder kalt — das müßt ihr selbst ausprobieren." Und das gilt für alles.

Das Hier und Jetzt ist für jeden verschieden.

BUN BU RYODO –
DER ZWEIFACHE WEG

Die Harmonie von Himmel und Erde

In der Praxis des Zen und der Kampfkünste ist die Konzentration auf die Ausatmung ganz wesentlich. Dies holt die Energie in den unteren Teil des Körpers und der Wirbelsäule, entspannt und gibt gleichzeitig Kraft.

Wenn ihr Zazen übt, dürft ihr es nicht halb tun, sondern müßt euch völlig auf die Ausatmung und die korrekte Haltung konzentrieren. So wird das wahre Zazen ganz und gar frisch. Wenn ihr dies richtig ausführt, zeigt es sich, daß Zazen noch schwieriger ist als die Kampfkünste. Doch durch die tägliche Übung wird es zu *dokan*, der Essenz, der Wiederholung. Auch beim Zazen übt man immer aufs neue auf Leben und Tod!

Das japanische *budo* hat sich im direkten Zusammenhang mit Ethik, Philosophie und Religion entwickelt — ohne jede Verbindung zum Sport. Daher handeln auch alle uns erhaltenen Texte über *budo* von der geistigen und intellektuellen Bildung und der Reflexion über das Ich. Mit anderen Worten, sie erklären und lehren die tiefe Technik des WEGES.

Doch wie soll man ihn üben?

Do, der WEG, ist nicht nur eine Technik (*waza*). *Kendo, judo, aikido, kyudo...*, all das ist *budo*. Das *kanji* (Schriftzeichen) *bu* bedeutet, wenn man es zerlegt, das Schwert, den Kampf anhalten.

Die Teezeremonie heißt *chado*. *Ikebana*, das Blumenstecken, ist *kado* („Weg der Blüten"). Die Schreibkunst oder Kalligraphie ist *shodo*. Das parfümierte Räucherwerk aus Sandelholz, das sich langsam verzehrt, ist *kodo*. Kodo Sawaki mochte *kodo* gern, denn er hatte den gleichen Namen. *Do*, der WEG, ist also die Art und Weise zu leben, die Lehre für das Ich, der Weg, um seinen Geist tiefgründig zu verstehen. Der Buddhismus, *butsudo*, bedeutet „Weg des Buddha" oder: wie man sein wahres, sein ursprüngliches Wesen wirklich entdecken kann. Dies bedeutet auch, daß man sich mit dem Himmel und der Erde harmonisieren muß, damit der Geist im Menschen ganz und gar frei ist. Es bedeutet, seinen Egoismus aufzugeben.

Im *Sandokai*[1] („Die Einheit von Essenz und Erscheinung") von Sekito-Zenji (700-790) heißt es über den WEG: „Es gibt keinen Meister des Nordens und keinen Meister des Südens." Und wie das *Hokyo Zanmai* („Das Samadhi des Schatzspiegels") die Essenz des WEGES bedeutet, so ist das *Shodoka* (von Yoka Daishi, 649-713, Schüler des sechsten Patriarchen Eno) der Gesang (*ka*) von der Versicherung, der Beglaubigung (*sho*) des WEGES (*do*).

---

1. Vgl. T. Deshimaru-Roshi, ZA-ZEN, Die Praxis des Zen, Berlin 1976, Kap. V

Es ist dies der Gesang, der den Weg verbürgt. *Shinto* oder *Shindo* ist der „Weg der Götter".

Der Geist des Zen, wie ihn Bodhidharma aus Indien brachte, hat den Mahayana-Buddhismus in China verbreitet. Er hat sich durch die enge Verbindung mit dem chinesischen Denken zum wahren WEG weiterentwickelt. Heute existiert der Buddhismus in China nicht mehr, jedoch ist *do* allgemeiner Brauch geworden. Selbst Mao konnte mit dem Geist des *do* nicht brechen. *Dokyo* ist die wahre Lehre vom WEG — bis heute.

Zen und der WEG durchdringen sich ganz tief. Daher sagen auch fast alle großen Zenmeister *DO* und nicht *Zen*. Dieses Wort ist viel mehr im Westen in Gebrauch.

Auch der berühmte japanische Lehrer Yamada Soko (1622-1685) hat sich mit dem *Weg des Samurai* beschäftigt. In dem Wunsch, ihre Bildung zu vertiefen, hat er für sie eine besondere Lehre verbreitet. „Wenn ein *samurai* in der Politik Verantwortung übernehmen und die Bevölkerung führen und leiten will, muß er zuerst den WEG verwirklichen. Daher darf der *samurai* nicht nur Krieger sein, sondern muß sich neben dem *budo* noch geistige Bildung aneignen und sich in der Literatur, dem Buddhismus, der chinesischen Philosophie und dem *shinto*, dem Weg der Götter, üben." Der *bushido* war die Essenz der japanischen Erziehung — doch dies fand nach dem Zweiten Weltkrieg sein Ende. Ich habe diese Erziehung noch genossen, denn die Lehrer des *bushido* gaben gleichermaßen militärischen und nicht-militärischen Unterricht. Das ist *bun bu ryodo*, der Zweifache Weg. Beide sind notwendig, wie männlich und weiblich, wie die zwei Flügel des Vogels. Literatur, Philosophie, Dichtung, die Kultur überhaupt, das ist die weibliche Seite, *budo*, die Kunst des Kämpfens, die männliche. Immer müssen beide in Harmonie sein. Sie können nicht getrennt und allein für sich existieren. Und dies ist durchaus keine Frage des Wissens allein, das ist der Weg der WEISHEIT selbst. Durch diesen Weg muß der Weise das Volk führen. Daher mußten sich die *samurai* in der Tugend üben. Sie mußten eine Persönlichkeit von hoher Bildung und edler Gesinnung sein, Kulturgeschichte studieren und den WEG verwirklichen. Damals wurde die Lehre des Yamada Soko nur einer Elite zuteil, und Außenstehende hatten zu ihr keinen Zugang. Dank der inneren Kraft dieser ganzheitlichen Erziehung wurde der WEG der *samurai* in Japan immer populärer, und inzwischen fand er in der ganzen Welt Verbreitung. Denn die Weisheit des Zen wurde zur Quelle ihres Handelns.

Über die Bildung der *samurai* und den tiefen, inneren Weg, der den Geist durchdringt, schrieb auch Dogen im *Shobogenzo Bendowa* („Wie man den WEG verwirklicht"). Dieses Buch beschreibt, was Zazen, die Essenz des WEGES, ist, und es erklärt, wie man es übt. Im *Gakudo Joshinshu*, einem anderen wichtigen Buch, geht er von der gleichen Frage aus: wie übt man den WEG? Dies ist das Buch von der Aufmerksamkeit und Wachsamkeit. Die Aufmerksamkeit desjenigen, der den WEG übt.

Des weiteren heißt es im *Genjokoan*: „Was bedeutet der Weg des Buddha? — Das Ich zu erkennen. — Was heißt es, das Ich zu erkennen? — Sich selbst zu vergessen.

— Was ist *bodaishin*? Was ist der Geist der Erweckung, der Erleuchtung, des *bodai*, des *satori*? — Der WEG! Denke nicht, suche nicht, wünsche nicht, hafte nicht, erwirb nicht, lasse nicht." Und im *Tendai* heißt es ebenso, daß der WEG darin besteht, allen Erscheinungsformen, der kosmischen Kraft, dem kosmischen System zu folgen. Damit der Mensch dies verstehen kann, muß er Zazen üben, die Haltung der Konzentration und Erweckung, von der all diese Werke sprechen. Der rechten Handlung muß die Meditation vorausgehen, und sie muß von ihr begleitet werden. Nur so enthüllt sich die wahre Freiheit.

Ki — die Energie

Die Technik ist in den einzelnen Kampfkünsten, sei es nun *judo*, *kendo* oder *kyudo*, jeweils verschieden. Auch beim Zazen ist die Konzentration auf die Haltung ein *waza*. Das *waza* ist notwendig. Doch ein *judoka*, der nur *judo* lernt, ist kein wahrer *judoka*. Im allgemeinen ist in den Kampfkünsten während der ersten zehn oder zwanzig Jahre die Technik unbedingt notwendig. Letztlich ist es jedoch der Geist, der eine vorrangige Stellung einnimmt, was besonders im *kyudo* deutlich wird. Die Atmung stellt die Verbindung zwischen Körper und Geist, Haltung und Geist, *waza* und Geist her. Endlich vereinigen sich Haltung und Atmung. Die Atmung wird *ki*, Energie, Lebenskraft. Dies ist das gleiche Wort *ki* wie das *ki* in *aikido*. Im *budo* gibt es, wie schon gesagt, drei grundlegende Dinge: Technik (*waza*), Energie, Aktivität (*ki*) und Geist (*shin*). Beim Zazen kann man durch die Haltung des Körpers den Geist und die Atmung in einen Zustand des Gleichgewichts bringen. Im Kampf ist dies viel schwieriger, denn man muß sich viel bewegen. Wenn man beginnt, Zazen zu üben, hat man sicher viele Schwierigkeiten. Doch später kann man dieses Gleichgewicht zwischen der korrekten Haltung des Körpers, der Haltung des Geistes und der Atmung leicht finden. Anfangs ist es wohl ratsam, die Haltung bewußt und mit

Geduld zu üben. Man strengt sich an, streckt den Nacken, konzentriert sich auch bewußt auf die Atmung. Nach einigen Jahren der Übung konzentriert man sich dann unbewußt. Schnell und schon von Anfang an zeigt die Haltung ihre Wirkung — nicht wie im *budo*, wo man sich erst nach vier oder fünf Jahren, frühestens nach dem dritten *dan*, auf etwas anderes als das *waza* konzentrieren kann. Vielmehr hat die Haltung des Zazen von Anfang an einen Einfluß auf das Bewußtsein.

In China schrieb Mishotsu, ein Schüler Lao-tsus, eine interessante Geschichte über Kampfhähne:

Ein König wollte einen besonders starken Kampfhahn besitzen und gab daher einem seiner Untertanen den Auftrag, einen Hahn entsprechend auszubilden. Dieser lehrte den Hahn zunächst die Technik des Kämpfens. Nach zehn Tagen fragte der König: „Kann man mit dem Hahn jetzt einen Kampf veranstalten?" Doch der Ausbilder sagte: „Nein, nein, nein! Er ist stark, doch diese Stärke ist leer. Er will immerzu kämpfen. Er ist aufgeregt, und seine Kraft ist unbeständig."

Zehn Tage später fragte der König wieder: „Nun, kann man jetzt den Kampf beginnen?" — „Nein, nein, noch nicht!", war die Antwort. „Er ist noch voller Leidenschaft und will immerzu kämpfen. Wenn er einen anderen Hahn hört, selbst aus dem Nachbardorf, so kommt er in Wut und will sich gleich in den Kampf stürzen."

Nach nochmals zehn Tagen Übung fragte der König aufs neue: „Geht es jetzt?" Der Ausbilder antwortete:

„Jetzt zeigt er keine Leidenschaft mehr, und wenn er einen anderen Hahn hört oder sieht, bleibt er ruhig. Seine Haltung ist aufrecht, und er zeigt kraftvolle Spannung. Er kommt auch nicht mehr in Wut. Seine Energie und seine Kraft zeigen sich nicht mehr an der Oberfläche."

„Also ist es in Ordnung mit dem Kampf?", fragte der König. Der Ausbilder gab zur Antwort: „Vielleicht." Man brachte eine große Anzahl Hähne und veranstaltete ein Turnier. Doch die anderen Hähne waren unfähig, sich dem Hahn des Königs zu nähern. Sie flohen erschreckt! So brauchte er überhaupt nicht zu kämpfen. Der Kampfhahn war zu einem Hahn aus Holz geworden. Er hatte die Stufe der technischen Übung, des *waza*, hinter sich gelassen. Er hatte starke innere Energie, die sich nicht in Äußerlichkeiten zeigte. Seine Kraft lag *in* ihm, und die anderen konnten sich nur noch vor seiner stillen Sicherheit und seiner wahren, verborgenen Kraft verneigen.

*

Wenn ihr fortgesetzt Zazen übt, könnt ihr unbewußt, natürlich und automatisch zum Geheimnis des *budo* gelangen. Dann ist es nicht mehr unbedingt notwendig, eine Technik zu benutzen und *judo*, *aikido*, *karate* oder *kendo* zu üben. Die anderen werden sich euch nicht nähern, und es wird nicht mehr nötig sein zu kämpfen. Der wahre WEG des *budo* ist weder Wettkampf noch Streit — er ist jenseits von Leben und Tod und jenseits von Sieg und Niederlage.

Ki, die kosmische Kraft

Das Geheimnis der Schwertkunst besteht darin, das Schwert nicht zu ziehen. Wenn ihr das Schwert zieht, um jemanden zu töten, müßt ihr selbst sterben. Man muß sich selbst, seinen Geist töten. Wenn man dies erreicht hat, haben die anderen Angst und fliehen. Dann ist man der Stärkste, und niemand kommt einem zu nahe. Also ist es auch nicht mehr nötig zu siegen! Beim Zazen schafft die Konzentration auf die Atmung das Band, welches Bewußtsein und Haltung ins Gleichgewicht bringt. Diese *Aktivität* bewirkt einen Impuls des Ausgleichs zwischen Muskeln, Nerven, Hypothalamus und Thalamus. Wenn ihr fortgesetzt Zazen übt, könnt ihr dies unbewußt, natürlich und automatisch erreichen.

"Das Bild des Mondes auf dem Wasser des Flusses bewegt sich nicht und zerfließt nicht. Nur das Wasser zieht vorbei."

Beim Zazen dürft ihr nicht bei einem Gedanken verweilen, euer Denken darf nirgendwo bleiben. Ihr müßt die Gedanken vorbeiziehen lassen. So könnt ihr das Wesen des Ich finden. Am Anfang denkt ihr noch mit eurem persönlichen Ich-Bewußtsein. Laßt es vorbeiziehen. Später taucht das Unterbewußte auf. Laßt auch dies vorbeiziehen. Auch dies kommt zu seinem Ende. So denkt man manchmal, manchmal denkt man nicht. Danach ist der Geist rein wie der Mond, wie das Spiegelbild des Mondes auf dem Wasser des Flusses. Doch ihr dürft auch eure Gedanken nicht abschneiden. Es ist nicht notwendig, sich beim Zazen zu sagen: „Ich muß das Bild des Mondes verwirklichen." Will man die Beziehungen zwischen Geist, Bewußtsein und dem wahren ICH erklären, so ist dies genau wie die Beziehung zwischen dem Mond, seinem Spiegelbild und dem Wasser des Flusses...

Nur Zazen üben, *shikantaza*. Das ist *hishiryo, satori*. Bewußt kann man das weder verstehen noch verwirklichen. „Noch nie konnte eine Hand den Schatten des Mondes auf dem Wasser einfangen."

Zen-Meister Takuan wurde auch im *kendo*, der japanischen Schwertkunst, sehr berühmt. Er war der Lehrer vieler *samurai*. Unter seinen berühmtesten Schülern waren auch der legendäre Miyamoto Musachi und Yagyu Munenori, für die er das *Fudochi Shinmyo Roku* („Über das Geheimnis der Unbewegten Weisheit") schrieb. Die Haltung im *budo* ist nämlich die Haltung der Nicht-Bewegung und der Nicht-Bewegtheit: *muso* – die Nicht-Haltung. Doch dies bedeutet nicht nur die Handlung, sich mit dem Körper nicht zu bewegen, sondern ebenso mit dem Geist. Man muß den Unbewegten Geist erlangen und verwirklichen...

Was ist mit dem unbewegten Geist gemeint? Wir haben gesehen, daß der Geist nicht bei irgendetwas verweilen soll. Wir müssen die Gedanken und Illusionen wie Wolken am Himmel vorbeiziehen lassen. Ein bekanntes Gedicht sagt dasselbe aus:

Das Bild des Mondes auf dem Wasser.
Der Mond bewegt sich nicht.
Das Spiegelbild des Mondes bewegt sich nicht.

Betrachtet noch einmal den Kreisel. Wenn er sich anfangs langsam dreht, bewegt er sich. Doch wenn er die volle Geschwindigkeit erreicht hat, besitzt er Stabilität und bewegt sich nicht mehr. Dann beginnt er wieder zu schwanken, wie ein Mensch, der alt wird, und schließlich fällt er um.

Der Fluß fließt und verändert sich auf seinem Weg. Doch das Wesen unseres Geistes, unseres ICH, ist genau wie das Spiegelbild des Mondes auf dem Wasser. Wenn man daher nicht bei einem Gedanken verweilt, ihn vorbeiziehen läßt, ist das Wesen unseres Geistes *fudo*, ohne Bewegung. Dieses tiefe Wesen unseres ICH ist Buddha, Gott, der Geist des Zen, *satori*, *hishiryo*.

Wenn daher ein *samurai* auch von zehn Gegnern angegriffen wird, kann er doch alle besiegen. Man sieht dies oft in japanischen Filmen. Dem Europäer scheint das unmöglich. Doch das ist kein Theater. Denn zehn Gegner können nicht alle zur gleichen Zeit angreifen, sondern nur einer nach dem anderen. Auch wenn ein *judo*-Meister nacheinander von zehn Schülern angegriffen wird, stellt sich sein Geist sehr schnell um und konzentriert sich auf den jeweils neuen Gegner.

Unbewegte Weisheit

Der Geist des Meisters bewegt sich ständig. Er verweilt nicht bei einer Sache oder einem Menschen. Er läßt alles vorbeiziehen. . . Auch der Körper bleibt nicht. Das Wesen des Ich ist *fudochi*, Unbewegte Weisheit. Intuition, Weisheit und das Handeln des Körpers sind immer eine Einheit. Das ist das Geheimnis des Zazen und auch der Kampfkünste. Gleichwie die Kampfkünste kein Sport sind, ist auch Zazen weder eine besondere Art von Massage noch eine Denk- oder Geistesübung.

Die Kampfkünste waren zunächst eine Methode, wie man Menschen tötet. Das lange japanische Schwert heißt *tachi*, was als Verbum 'schneiden' bedeutet. Auch das *ken* in *kendo* ist das 'Schwert' und 'zerschneiden', *kendo* bedeutet also „Weg des Zerschneidens". Die Geschichte des *kendo* reicht sicher bis in die Urzeit zurück. Doch die eigentliche *kendo*-Schule begann erst 1346 mit dem *samurai* Nodo und 1348 mit Shinkage.

Anfangs versuchten die *samurai* immer, gewisse außergewöhnliche und magische Kräfte zu erlangen. Sie wollten die Fähigkeit erlangen, vom Feuer nicht mehr verbrannt und von Steinen nicht mehr erschlagen zu werden. . . So übten sie ihren Geist in dem Willen, solche übernatürlichen Fähigkeiten zu entwickeln. Indem sie dies erreichen wollten, hatten sie also ein Ziel.

Dann kam der Einfluß des Zen. So wurde z.B. Miyamoto Musachi, der größte *kendo*-Meister Japans, ein Weiser. Er sagte: „Man muß Buddha und die Götter respektieren, darf aber nicht von ihnen abhängig sein." Die Methode, der Weg, um Menschen mit dem Schwert zu zerteilen, wurde so zu dem *Weg, seinen eigenen Geist zu zerschneiden*, zum Weg des Geistes der Entscheidung und der Entschlossenheit. Das ist das wahre *kendo* und das wahre *budo*. Man muß stark sein und den Sieg dank dieses Geistes der Entschlossenheit erringen. Man muß über die Regeln hinausgehen, den Kampf transzendieren und einen geistigen Weg aus ihm erschaffen. So hatten diese Übungen damals nichts von Sport an sich, im Gegensatz zu dem, was heute in Europa daraus wurde. Die *samurai* hatten eine tiefere Sicht des Lebens...

Zen und die Kampfkünste sind auch nicht Teil einer Gesundheitslehre. Die Europäer wollen immer alles zu etwas anderem „benutzen". Der Geist des Zen läßt sich nicht in ein so kümmerliches System zwängen. Zen hat nichts mit „Seelenmassage" zu tun. Das *kyosaku* kann wohl eine gute Massage für den Körper oder das Bewußtsein geben. Doch Zazen ist keine Massage für das Wohlbefinden, und die Kampfkünste sind weder Sport noch Spiel. Vielmehr liegt in ihnen ein weit tieferer Sinn: der Sinn des Lebens überhaupt! Und damit der Sinn des Todes, denn diese beiden sind untrennbar miteinander verbunden.

Wahres *kendo* und wahres Zen sind jenseits der Relativität. Das bedeutet „aufzuhören, das Eine oder das Andere in der Welt des Relativen auszuwählen" und statt dessen eine einzige Entscheidung zu treffen! Der Mensch ist etwas anderes als ein Löwe oder ein Tiger. Also muß der WEG des *budo* darüber hinausgehen. Tiger und Löwen sind stark und wollen instinktiv und willentlich siegen. Sie denken nicht daran, ihr Ich aufzugeben. Doch die Menschen können über das Ich und über den Tod hinausgehen. Im *budo* müßt ihr noch stärker werden als ein Löwe oder Tiger, müßt ihr den tierischen Instinkt, der an eurem Geist haftet, aufgeben.

Vor 200 Jahren, noch vor der Meiji-Zeit, wurde ein *kendo*-Meister namens Shoken von einer großen Ratte in seinem Haus geplagt. Da die Ratte ihn besonders nachts belästigte und ihn am Schlafen hinderte, mußte er gar tagsüber schlafen. Dann ging er endlich zu einem Freund, der Katzen züchtete und ausbildete. Shoken bat ihn: „Leihe mir doch bitte einmal die Stärkste Deiner Katzen." Der Freund lieh ihm einen Dachkater, der sehr schnell und geschickt im Rattenfang war. Seine Pfoten waren stark und er besaß große Sprungkraft. Doch als er in das Zimmer kam, erwies sich die Ratte als stärker und die Katze floh. Diese Ratte war wirklich geheimnisvoll. Shoken lieh sich also eine zweite, getigerte Katze von fahler Farbe; diese hatte ein sehr starkes *ki* und viel Kampfgeist. Sie lief in das Zimmer und kämpfte, doch die Ratte behielt die Oberhand, und so mußte auch diese Katze das Weite suchen.

Eine dritte, schwarz-weiße Katze wurde ausprobiert, doch auch sie konnte nicht siegen.

Shoken lieh sich also eine vierte Katze. Die war schwarz, alt, recht intelligent, doch weniger stark als der Dachkater oder die getigerte Katze. Sie sah eher etwas armselig aus. Sie betrat das Zimmer. Die Ratte betrachtete sie und kam näher. Die Katze setzte sich ganz ruhig hin und bewegte sich nicht. Da begann die Ratte zu zweifeln. Sie kam noch einmal heran, schon etwas zaghafter, und ganz plötzlich fing die Katze sie am Hals, tötete sie und brachte sie hinaus.

Da ging Shoken zu seinem Freund und sprach: ,,Wie oft habe ich die Ratte mit meinem Holzschwert verfolgt, und doch hat sie mich gebissen. Wie konnte nun diese schwarze Katze sie besiegen?" Sein Freund antwortete ihm: ,,Laßt uns eine Versammlung einberufen und die Katzen selbst fragen. Da Du ein *kendo*-Meister bist, fragst Du sie aus. Sicher verstehen die Katzen etwas vom *budo*.

Also wurde eine Versammlung der Katzen unter dem Vorsitz der schwarzen Katze einberufen, denn sie war die Älteste. Der Dachkater sprach: ,,Ich bin sehr stark." Die schwarze Katze fragte: ,,Warum hast du sie dann nicht besiegt?" Der Dachkater antwortete: ,,Ich bin sehr stark und beherrsche viele Techniken des Rattenfangs. Meine Pfoten sind sehr gut ausgebildet und meine Sprünge kräftig — doch diese Ratte ist anders als die anderen." Die schwarze Katze erklärte darauf: ,,Deine Kraft und deine Technik gehen eben nicht über diese Ratte hinaus. Auch wenn deine Kraft und dein *waza* noch so sehr entwickelt ist, kannst du doch nicht mit deiner Kunst siegen. Das ist unmöglich!"

Dann sprach die Katze mit dem Tigerfell: „Ich bin sehr kräftig und übe täglich mein *ki* und meine Atmung durch Zazen. Ich ernähre mich nur von Gemüse und Reissuppe, so bekomme ich viel Energie. Dennoch konnte ich diese Ratte nicht besiegen. Warum?" Die alte schwarze Katze antwortete ihr: „Deine Aktivität und dein *ki* sind stark, doch die Ratte ging über dieses *ki* hinaus. So warst du schwächer als die dicke Ratte. Du haftest an deinem *ki*, und so wird es zu einer leeren Kraft. Wenn dein *ki* zu plötzlich und zu kurz ist, bist du einfach nur leidenschaftlich. So könnte man etwa sagen, deine Energie ist wie das Wasser aus einem Wasserhahn, die der Ratte jedoch wie das Wasser aus einem kräfigen Springbrunnen. Deshalb war die Kraft der Ratte der deinen überlegen. Selbst wenn du viel Energie hast, ist sie doch schwach, denn du hast zu viel Selbstvertrauen."

Nun war die schwarz-weiße Katze an der Reihe, die ebensowenig siegen konnte. Sie war nicht sehr stark, doch intelligent. Sie hatte *satori*. Sie hatte alle *waza* hinter sich gelassen und übte weiter Zazen. Doch sie war nicht *mushotoku* — ohne Zielvorstellung und Streben nach Profit —, und so mußte auch sie fliehen.

Die schwarze Katze sprach zu ihr: „Du bist sehr intelligent und stark. Doch du hast diese Ratte nicht besiegen können, denn du hattest ein Ziel. Und die Ratte hatte eine bessere Intuition als du. Als du das Zimmer betratest, hat sie sofort den Zustand deines Geistes verstanden. Deshalb konntest du auch nicht siegen. Du konntest deine Kraft, deine Technik und dein handelndes Bewußtsein nicht in Harmonie bringen — sie blieben getrennt, statt zu einem zu verschmelzen.

不動智

沌叟仙

Fudochi, die Unbewegte Weisheit

Ich jedoch habe in einem einzigen Moment alle diese Fähigkeiten unbewußt, automatisch und natürlich benutzt. So konnte ich die Ratte töten. Doch ganz in der Nähe, in einem Nachbardorf, kenne ich eine Katze, die ist noch stärker als ich. Sie ist sehr alt, und ihre Haare sind schon grau. Ich habe sie einmal getroffen; sie macht durchaus keinen starken Eindruck! Sie schläft den ganzen Tag, frißt überhaupt kein Fleisch und auch keinen Fisch, sondern immer nur *genmai*-Reissuppe... Manchmal trinkt sie auch etwas *sake*. Sie hat noch nie eine Ratte gefangen, denn alle haben Angst vor ihr und verschwinden schnellstens, wenn sie in ihre Nähe kommt. So hatte sie einfach noch keine Gelegenheit, eine zu fangen! Einmal kam sie in ein Haus, das voll war von Ratten. Alle verließen fluchtartig das Haus und suchten sich eine andere Unterkunft. So kann sie die Ratten sogar im Schlaf vertreiben. Diese Katze ist wirklich sehr geheimnisvoll. So mußt auch du werden — du mußt über die Haltung, die Atmung und das Bewußtsein hinausgehen."

Das war wirklich eine tiefe Lehre für Shoken, den Meister des Schwertes!

Und durch Zazen selbst seid ihr schon jenseits der Haltung, der Atmung und des Bewußtseins.

Fallenlassen

Im *budo* ist der Begriff *sutemi* von einiger Bedeutung. *Sutemi* heißt 'den Körper wegwerfen, den Körper aufgeben'. Das gilt nicht nur für *karate*, sondern gleichermaßen auch im *kendo*, im *judo* und in allen anderen Kampfkünsten.

Es gibt wohl viele verschiedene Schulen (*ryu*) im *kendo*, doch allen ist *sutemi* gemeinsam. Da ist zunächst die *Taisha-ryu*: 'das Aufgeben (*sha*) des Körpers (*tai*)', dann gibt es die *Munen-ryu*: 'das Nicht-Bewußtsein, das Aufgeben des Bewußtseins (*nen*)', weiter die *Mushin-ryu*: 'das Aufgeben des Geistes', *Mugen-ryu*: 'ohne Augen kämpfen, die Augen aufgeben', *Muteki-ryu*: 'ohne Feind', *Muto-ryu*: 'ohne Schwert', *Shinjin-ryu*: 'der wahre Geist', *Tenshin-ryu*: 'der Geist des Himmels (*ten*), der kosmische Geist'. So gibt es also viele Schulen, doch allen gemeinsam ist *sutemi* — den Körper aufgeben und fallenlassen, das Ich vergessen und allein dem kosmischen System folgen. Man gibt das Haften an den Dingen auf, die persönlichen Wünsche, das Ich. Man lenkt das Ich in objektiver Weise. Selbst wenn man irgendwo stürzt, braucht man doch weder Angst noch Furcht zu haben. Man muß sich *hier und jetzt* konzentrieren und darf keine Energie zurückhalten:

„Alles muß aus dem Hier und Jetzt kommen". So bewegt man seinen Körper natürlich, automatisch und unbewußt, ohne persönliches Ich-Bewußtsein. Wenn wir dagegen unser Denken benutzen, werden unser Verhalten und unsere Handlungen langsam und zögernd. Fragen tauchen auf, der Geist ermattet und das Bewußtsein flackert wie eine Flamme im Wind.

Im *budo* müssen Handlung und Bewußtsein immer eine Einheit bilden. Anfangs übt man im *aikido*, im *kendo* u.s.w. immer wieder die *waza*, die Techniken, und die *kata*, die „Formen". Ohne Unterlaß übt man zwei oder drei Jahre lang. So werden *kata* und *waza*, Form und Technik, zur Gewohnheit. Anfangs muß man sich bei der Übung des Ich-Bewußtseins bedienen — das ist wie beim Klavier-, Schlagzeug- oder Gitarrespiel etwa.

Am Ende ist man dann soweit, daß man ohne persönliches Bewußtsein spielen kann, man haftet nicht mehr und bedient sich nicht mehr der Prinzipien. Man kann ganz natürlich und automatisch spielen. Aus dieser Weisheit heraus kann man schließlich auch etwas Neues schaffen. Das gleiche gilt im täglichen Leben. *Das ist Zen*, der Geist des WEGES.

Alle wirklich großen Kunstwerke werden jenseits der bloßen Technik erschaffen. In der Welt der Wissenschaft und Technik gehen gleichermaßen die großen Entdeckungen über die Prinzipien und Techniken hinaus. Nur an einer Idee, einer Kategorie, einem Wertesystem zu haften, ist völlig falsch und dem Gesetz des Lebens und des WEGES entgegengesetzt. Vom Gedanken bis zur Handlung muß man die Wahre Freiheit bewahren.

Beim Zazen ist die Haltung das Wichtigste, am Anfang wie am Ende, denn unser ganzes Wesen in seiner Totalität liegt in ihr.

Im Zen wie im *budo* muß man die unmittelbare Einheit mit der authentischen Wahrheit des Kosmos finden. Man muß in seinem Denken das persönliche Ich-Bewußtsein übersteigen, und zwar mit dem ganzen Körper und nicht nur mit dem Gehirn. Man muß mit dem ganzen Körper denken.

So liegt in dem folgenden Gedicht die Essenz des *kyudo*, das Geheimnis des Bogenschießens:

Die Spannung der Spannung
Mein Bogen ist vollkommen gespannt
Wohin fliegt der Pfeil in der Ferne?
Ich weiß es nicht —

Und hier finden wir die Essenz des *kendo*:

Nicht an das Vorher denken
Nicht an das Danach
Davor und danach
Nur die Freiheit des Mittelpunktes

Das ist der Weg. Der Weg der Mitte.

Nicht denken

Ich sage immer: Zazen muß *mushotoku* sein, ohne Zielvorstellung und ohne Streben nach einem Nutzen, wie es auch nicht nötig ist, daran zu denken, wohin der Pfeil wohl fliegt. Man konzentriert sich allein auf die Spannung der Saite des Bogens.

Der japanische Bogen ist aus Bambus gefertigt; er bietet daher viel Widerstand, und man braucht eine Menge Kraft, um ihn zu spannen. Wenn wir nur an das Ergebnis unseres Handelns denken, können wir uns mit dem Ich-Bewußtsein allein weder konzentrieren noch all unsere Energie herauslassen. Wenn wir uns dagegen einfach nur bemühen, erscheint unbewußt und automatisch das größte und beste Ergebnis. Das kann man durchaus oft erfahren. Übung ohne Einschaltung des Bewußtseins ist besser und wertvoller als bewußte Übung.

Beim Zazen denkt man anfangs oft, wenn man Schmerzen hat: „Meine Haltung ist gut, meine Haltung ist nicht gut, ich muß das Kinn zurückziehen, den Nacken und die Wirbelsäule strecken, mit dem Gesäß auf das *zafu* drücken, mich auf die Atmung konzentrieren." Doch dann vergißt man alles, und man wird

Nicht-Bewußtsein. Diese Geisteshaltung ist sehr wichtig. Nach ein bis zwei Jahren Übung ist man schon zu sehr daran gewöhnt, und man konzentriert sich nicht mehr. Man denkt, die Haltung sei gut und korrigiert sie nicht. Selbst wenn der *kyosaku*-Assistent diese Haltung korrigiert, folgt man dem nicht. Manche üben ein, zwei Jahre oder noch länger und ihre Haltung wird schlechter und nur noch schlechter. Dies liegt an einem zu starken Ego und einem Mangel an Anstrengung. Es bedeutet, in eine andere Richtung zu laufen.

Man darf den Geist des Anfängers nicht vergessen.

Zazen — das heißt, unsere Energie und unser Geist kommen in Harmonie mit der kosmischen Energie, und die unendliche kosmische Energie lenkt unsere eigene. Derart können wir die zehntausend Dinge in einem einzigen lenken. Wir können, dank der Energie des Kosmos, der unsichtbaren Wahrheit, wahrhaft frei sein. Das gilt gleichermaßen für die rechte Übung der Kampfkünste.

MONDO

Kyudo, Bogenschießen

Es genügt, frei zu sein von Liebe und Haß,
Damit die Einsicht sich zeigt,
Unvermittelt klar,
Wie das Licht des Tages in einer Höhle.

Shinjinmei

F. — Wie sind die Kampfkünste entstanden?

A. — Die Kunst des Schwertes, der Lanze, des Bogenschießens und des Kampfes mit bloßen Händen sind letztlich so alt wie der Mensch selbst, der sich schon immer gegen die Aggressionen der Außenwelt zur Wehr setzen und Jagd betreiben mußte, um sein Leben und den Bestand seines Stammes zu sichern. Man entdeckte zunächst Waffen wie den Spieß, das Steinbeil, den Bogen. . . Mit zunehmender Erfahrung bildeten sich dann nach und nach die bestmöglichen Techniken für diese Waffen heraus. Im Zweikampf entdeckte man zum Beispiel die tödlichen und gefährlichen Hiebe, Gegentechniken dazu, und immer so weiter. Die Waffen selbst wurden immer perfekter, die Technik trat immer deutlicher hervor und wurde selbst ein Teil der Kunst der Kriegsführung und der Jagd, die natürlich auch durch andere Dinge charakterisiert waren: die Kenntnis der Zeiten, der Natur (Geräusche, Fährten, Gerüche. . .), der Umwelt, der Psyche des Gegners oder des gejagten Tieres, die Intuition der rechten Weise zu handeln u.s.w. Ein guter Krieger oder Jäger muß in der Lage sein, mit der Natur, die er durchstreift, zu verschmelzen, eins mit ihr zu sein — das heißt vollkommen vertraut mit ihr zu sein und sie zu respektieren.

Doch kommen wir wieder zu den Kampfkünsten des Ostens zurück. Die Technik des Kampfes ohne Waffen kam nun daher, daß die Wandermönche oft von Soldaten oder Räubern angegriffen und ausgeraubt wurden, manchmal sogar getötet. Da es ihnen durch die Vorschriften verboten war, konnten sie sich nicht mit Waffen verteidigen. So entwickelte sich im China Bodhidharmas eine Kunst, ohne Waffen zu kämpfen, aus der später *karate*, *judo* und *tai-chi* wurde; durch diese Kunst konnten sich die Mönche jederzeit verteidigen. Die exakten und effektiven Bewegungen, die man im *karate* wiederfindet, stammen ebenso aus dieser Kunst wie die gewandten Würfe des *judo*, die sich der Kraft des Angreifers bedienen und die langsamen, weichen, katzenhaften Abwehren des *tai-chi*. Sie alle erlaubten es jedem Mönch, natürliche, seiner eigenen Energie angepaßte Verteidigungsmittel einzusetzen. Diese Kampfkünste waren in jener Zeit noch nicht in feste Kategorien zerstückelt, sie boten sich vielmehr ganz einfach dar als eine Folge von Bewegungen, Schlägen und „Kleinigkeiten", die man sich gegenseitig beibrachte, wenn man sich einmal traf, wie man zu diesen Gelegenheiten auch Geheimnisse der Heilkunst austauschte, etwa Kräuter und wirksame Massagen, und auch Meditationstechniken. So war es ja auch bei dem Buddha, der zunächst von vielen Yogameistern, die seinen Weg kreuzten, unterwiesen wurde, bevor er sich unter seinen Baum in Zazen setzte. Auch tauschte man Erlebnisse aus, aus denen man geistige und praktische Lehren für das eigene Leben ziehen konnte.

Wandermönche brachten diese Lehren dann aus China nach Japan, wo sie, ausgehend von Okinawa, einen beachtlichen Aufschwung erlebten. Insbesondere *karate* und *judo* haben sich daraus entwickelt, während *tai-chi* mehr chinesisch blieb...

F. — Dies übt man auch heute noch in China, jeden Tag, selbst auf den Straßen und in Fabriken... Ich habe einmal einen Film gesehen, in dem große Menschenmassen die gleichen Bewegungen wie in einem langsamen, faszinierenden Ballett ausgeführt haben.

A. — Früher war *tai-chi* den Frauen, Kindern, Greisen und Schwachen vorbehalten. Doch ist dies eine interessante Übung, denn sie lehrt, richtig zu atmen — wie beim Zazen —, den ganzen Körper zu entspannen und den Geist zu konzentrieren. Man hat es sogar schon einmal „Zen im Stehen" genannt, doch trotz allem ist es heute nur mehr Tanz oder Gymnastik, dem der Geist des Zen leider abhanden gekommen ist.

F. — Was ist das Wichtigste in der Übung der Kampfkünste?

A. — Die Atmung. Wie fühlt ihr euch unter dem Nabel? Ihr lacht, aber ich rede jetzt nicht vom Sex, sondern vom *hara*, etwa drei Finger unter dem Nabel. Durch die korrekte Atmung können wir die Kraft des *hara* entwickeln und in ihm die ganze Energie sammeln...

F. — Welches ist die vornehmste Kampfkunst?

A. — *Kendo*, die Schwertkunst, wurde schon immer als die höchste, edelste und dem Geist des Zen nächststehende Kunst angesehen. Warum? Alle *samurai* und die japanischen Meister wußten, daß sie, bevor sie würdig waren, jemanden zu töten, erst einmal in der Lage sein mußten, sich selbst zu töten. Sie lernten mit dem Schwert nicht nur, andere, sondern vor allem auch ihr eigenes Bewußtsein zu zerschneiden. Wenn sie dies nicht konnten, konnten sie auch im Kampf nicht gewinnen.

Wie sterben, *wie* leben? Der Weg des Schwertes, *kendo*, stellte diese Frage ständig und immer wieder — und darin näherte er sich dem WEG und fand den Geist des Zen.

Das Bogenschießen (*kyudo*) ist ebenfalls eine Übung höchster Geistigkeit. Herrigel hat in seinem Buch sehr gut davon gesprochen. Wer löst den Pfeil? Und wann? Wenn Bewußtsein und Körper eins geworden sind, in einem Zustand vollkommener Uninteressiertheit — dann fliegt der Pfeil frei ins Ziel. Und besonders die Haltung beim Schießen ist sehr wichtig, sie muß schön und harmonisch sein — innerlich wie äußerlich. In Japan wurden die großen *kyudo*-Meister den *roshi*, den Zen-Meistern, gar gleichgestellt.

Vor dem Krieg besuchte ich immer die jährlich stattfindenden Treffen der besten Meister der Kampfkünste und ihrer Schüler. Mein Meister, der Mönch Kodo Sawaki, hatte dabei eine einflußreiche Position, und so lernte ich auch den tiefen Sinn dieser Kämpfe kennen. Sie hatten nichts mit bloßem Wettkampf zu tun, sie reichten vielmehr an die höchste Philosophie: die Kunst zu leben und zu sterben. Die Haltung der Meister war vollkommen. Wenn die Haltung (*shisei*, „Form und

Kraft") vollkommen ist, so ist es die Bewegung, die ihr folgt, auch. Das ist gerade im *kyudo* zu spüren, wo die rechte Art, sich zu verhalten, gelehrt wird: eine schöne Haltung, innere Einsamkeit, ein freier Geist, die Energie, das *ki* im Gleichgewicht zwischen Kosmos, dem menschlichen Wesen und der Kraft des Körpers, die korrekte Atmung in der Konzentration auf das *hara*, ein aufmerksames, klares Bewußtsein. Den Bogen spannen, sich auf die rechte Atmung konzentrieren, genau zielen, dann schießen.

F. — *Wann schießen?*

A. — Herrigel mußte sechs Jahre verstreichen lassen, bevor er das verstanden hatte — die Schönheit des korrekten Schusses als eine totale Handlung im *hishiryo*-Bewußtsein.

Der Schatten der Kiefer
hängt ab
von der Klarheit des Mondes

sagte Kodo Sawaki. Das ist der Geist des *zanshin*, der Geist, der beharrt, ohne zu haften, der im gegenwärtigen Augenblick — und im folgenden — aufmerksam und wachsam bleibt...

Die Intuition lenkt die Handlung.

Wer Zazen übt, kann das leicht verstehen. Und all jene, die sowohl die Kampfkünste als auch Zazen üben, können daraus große Weisheit und Nutzen schöpfen.

F. — Findet man diesen Geist auch in anderen Kampfkünsten?

A. — Man kann und muß diesen Geist in allen Handlungen des täglichen Lebens finden.

Die Kampftechniken unterscheiden sich zwar im einzelnen, doch wenn *waza* (die Techniken), *ki* (die Energie) und *shin* (die Haltung des Bewußtseins) keine Einheit bilden, kann es auch keine rechte Handlung geben.

F. — Gilt das auch für judo?

A. — Das gilt für alle Kampfkünste und letztlich auch für alle Handlungen unseres Lebens. *Judo* war schon vor Christi Geburt in Japan bekannt und wurde sogar zu einer Wissenschaft, einer regelrechten Kunst: sich der Energie des Gegners zu bedienen und seine verwundbaren Punkte kennen.

F. — Welche sind das?

A. — Viele Punkte müssen geheim bleiben. Dies liegt in der Verantwortlichkeit eurer *budo*-Meister und ist insbesondere abhängig vom Stand eurer inneren Entwicklung.

F. — Welches sind die Punkte zur Wiederbelebung?

A. — Die *katsu*? Da ist zunächst das *kikai-tanden*, etwa sechs bis sieben Zentimeter unter dem Nabel und zwischen zwei Akupunkturpunkten gelegen: man nimmt die Haut mit der Hand und dreht kräftig. Das wirkt beim Koma und auch gegen Typhus und Cholera...

Bei einem Unfall im *budo*-Training ist es gut, die Gegend des *sansho* zu massieren, das ist die Gegend etwas links neben dem fünften Rückenwirbel. Bearbeitet diesen Punkt mit dem Knie und beugt gleichzeitig den Rücken nach hinten.

Es gibt auch einen Punkt namens *koson* etwa in der Mitte des Fußes (*siehe Schema A*), den man mit einer Akupunkturnadel, Moxa oder kräftigem Druck mit dem Daumen behandeln kann.

Um die Herztätigkeit wieder einsetzen zu lassen, Bewußtlosigkeit und sogar den Nebel eines alkoholfreudigen Abends zum Verschwinden zu bringen, muß man zwischen Daumen und Zeigefinger der anderen Hand lange und kräftig den Punkt *gokoku* drücken, den „Großen Punkt der Wiederbelebung" (*Schema B*).

Natürlich muß man auch auf die Atmung achten, die zum Beispiel bei einem Sterbenden langsam schwächer wird. In diesem Fall müßt ihr das Zwerchfell bearbeiten: den Solar Plexus von unten nach oben und das Herz mit beiden Händen massieren. Das ist auch ausgezeichnet bei Ertrinkenden und bei einem Schock, sowie den Folgen eines falschen Schlages.

F. — Wie erkennt man, ob jemand tot ist?

A. — Man betrachtet den Daumen. Wenn man ihn mit zwei Fingern zusammendrückt, und er verändert seine

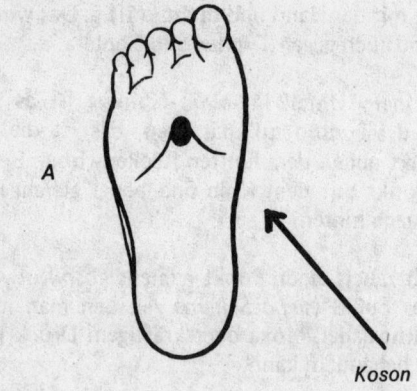

Koson

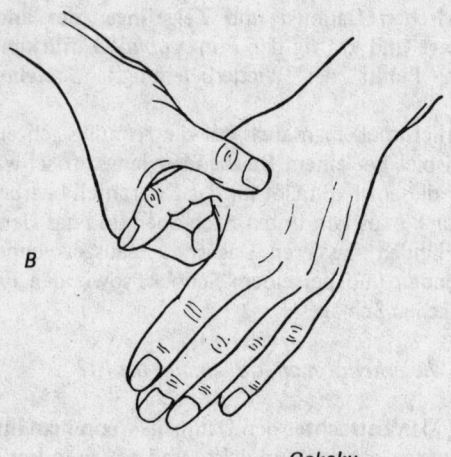

Gokoku

Farbe nicht, dann ist es zu Ende. Doch wichtiger ist noch der Zustand der Augen. Wenn die Pupille im Licht erweitert bleibt, ist nichts mehr zu machen. Wenn die Atmung ausgesetzt hat und der Daumen sich nicht mehr verfärbt, geben die Augen den letzten Aufschluß. Beim geringsten Lebenszeichen kann man aber noch etwas tun und die Wiederbelebungspunkte drücken.

F. — Welchen Punkt soll man dann nehmen?

A. — Das ist bei jedem verschieden. Die Intuition, der Instinkt muß uns dabei leiten. Das ist immer abhängig von der starken oder schwachen Konstitution und vom Körperbau. Der Punkt an der Innenseite der Wurzel der großen Zehe (genau vor der Hautfalte, die sie von der zweiten Zehe trennt) wirkt bei jedem. Man nimmt die Zehe (oder beide) zwischen zwei Finger und drückt kräftig während einer langen Ausatmung. Diese Zeit ist notwendig, um Ohnmächtige oder Bewußtlose wieder aufzuwecken. Auch wenn jemand beim Zazen umfällt, kann man diesen oder auch die anderen schon aufgezeigten Punkte drücken.

F. — Gibt es Massagen, um sein Äußeres instand zu halten oder Krankheiten zu heilen?

A. — Aber sicher! Es ist sogar unbedingt notwendig, sich regelmäßig, ja täglich zu massieren, damit die Energie im Körper ständig zirkuliert und nicht blockiert oder zerstreut wird. Darüber sollte man einmal ein Buch schreiben. Ihr müßt zumindest einige wesentliche Zonen massieren, kneten, reiben, mit den Fingern drücken oder mit der Faust darauf klopfen. Ich zeige euch jetzt also das wichtigste Grundlagenwissen der japanischen Masseure.

(Es folgt eine eingehende Demonstration auf dem Körper einzelner Teilnehmer. Hier eine zusammenfassende Darstellung zu den folgenden Abbildungen.)

Abb. I

1: Entlastet die Blase
2: Die Massage dieses Punktes in der Mulde unter dem rechten Kleinhirn wirkt gegen Mentruationsbeschwerden und verhilft bei Schlaflosigkeit und Nervosität zu friedlichem Schlaf
3: Macht das Gehirn klar und die Schultern leicht
4: Gibt Energie
5: Stärkt die Nieren
6: Wirkt gegen Verstopfung
7: Gibt Energie
8: Gibt den Eierstöcken Kraft, macht die Haut geschmeidig und schön, vermehrt die Energie
9: Lindert nervliche Anspannung
10: Unterstützt die Blase, strafft das Fleisch, verjagt überschüssige Flüssigkeit aus dem Körper

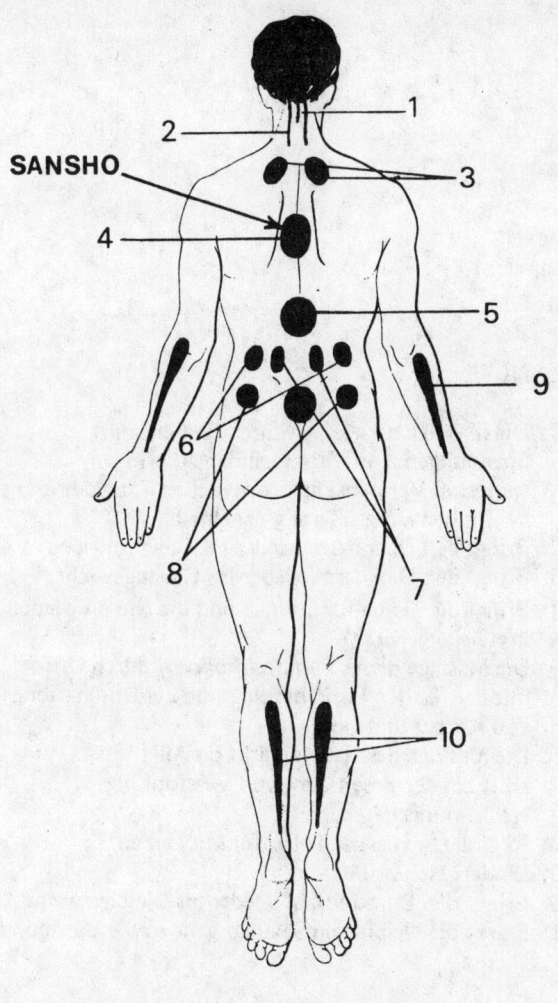

Abb. II

1: Die Massage der Kehle (durch Reiben) hilft Spannungen zum Verschwinden zu bringen; weiterhin Vermehrung der sexuellen Tätigkeit und bei Frauen Vergrößerung der Brust
2: Bringt den Dünndarm wieder ins Gleichgewicht
3: Bringt den Dickdarm wieder ins Gleichgewicht
4: Bringt die Sexualfunktionen und die Nieren wieder ins Gleichgewicht
5: Die Massage dieses Punktes (*kokoro*) durch Druck mit der flachen Hand beruhigt die Leidenschaften von Körper und Geist
6: Die Massage des Nabels stärkt die Milz
7: Hilft bei der Beseitigung von Verstopfungserscheinungen
8: Regt die Sexual- und Hautfunktionen an
9: Lindert Nervosität
10: Bringt den Blutkreislauf wieder ins Gleichgewicht
11: Stärkt die weiblichen Sexualorgane sowie Darm und Nieren

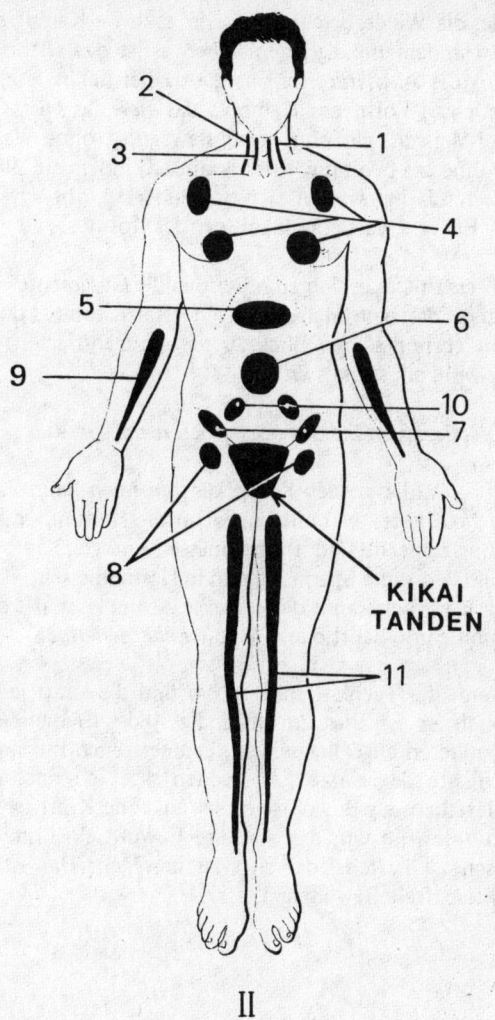

II

Für die Wiederbelebung — wie auch im Kampf oder beim Handeln im täglichen Leben — ist das wichtigste das *ki*, die *Aktivität*, die Energie. Daher bleibt letztlich die höchste Form des Kampfes das *kiai*, das *kwatz* der Rinzai-Meister, die ohne eine Bewegung, ohne Waffen und ohne zu berühren töten konnten, indem sie diesen Laut durch ihr *ki* von sich schleuderten. Ihr *ki*, ihre ganze Energie, verschmolz mit der des Kosmos...

So erzählt man sich zum Beispiel die Geschichte eines Meisters, der eine Maus oder eine Ratte töten konnte, indem er nur seinen Blick auf sie konzentrierte... Er hatte wohl ein starkes *ki*!

F. — Erzählen Sie uns doch noch mehr von ki...

A. — Weder in den Kampfkünsten noch beim Zazen kann man gutes *ki* besitzen, wenn die Haltung und die Atmung schlecht sind. Immer müssen Energie, Kraft und Bewußtsein ohne Spannung und in Harmonie sein, damit *ki* stark werden kann: die korrekte Atmung schafft diese Harmonie und nährt damit *ki*, die *Lebensenergie*.

Wenn die Technik stark ist, *ki* und die Kraft jedoch schwach, so ist alles unvollständig. Jedes Element muß dem anderen angeglichen sein. Erinnert euch nur an die Geschichte der Katzen... Jedoch sage ich nochmals, daß letztlich das Bewußtsein die lenkende Kraft ist, das *mushin*-Bewußtsein, das absolute Bewußtsein ohne den Wunsch zu haften oder sich zu bewegen. Das ist das objektive, freie Bewußtsein...

F. — Wie kann man sein ki *üben?*

A. — Durch Zazen!...

Aber auch durch die Übung im Kampf, im Handeln. Doch die Kinder heute sind zu schwach: die moderne Erziehung verweichlicht sie, und sie bleiben ohne *ki*. Der Meister Obakus belehrte diesen seinen Schüler ständig mit mächtigen *kyosaku*-Schlägen, denn er war zu intelligent, stellte zu viele Fragen und analysierte ohne Unterlaß alles und jedes mit seinem Geist. Die Erzählung geht so, daß Obaku eines Tages genug hatte und wegging, um sich einen anderen Meister zu suchen, dem er dann seine Geschichte erzählte. Dieser sagte zu ihm: „Aber dein Meister lehrt dich doch den Wahren Weg, um deinen Geist zu zerschneiden und jene Wahrheit zu finden, die du suchst." Also ging Obaku zu seinem alten Meister zurück, der ihn fragte: „Na, hast du jetzt verstanden?" „Ja", sagte Obaku und gab ihm einen mächtigen *kyosaku*-Hieb...

Durch das *kyosaku*, den Stock, wird das *ki* stark. Um ein starkes *ki* heranzubilden, muß man mit Stärke erziehen.

F. — Was ist Angst?

A. — Angst?

F. — Ja, Angst. Liegt es an einem Mangel an ki, *wenn man sich fürchtet?*

A. — Ja. Es gibt keinen Grund, Angst wovor auch immer zu haben. Wer Angst hat, ist zu egoistisch und denkt nur an sich selbst. Man muß sein Ego aufgeben, dann verschwindet die Angst. Wenn ihr immer *dagegen* geht, entsteht Angst. Auch im Kampf muß man *dasselbe* Bewußtsein wie der Gegner haben; nicht dagegen gehen, sondern *zusammen*. Das ist ein großes *koan*.

Man muß selbst zur jeweiligen Situation „werden" und nicht sich von ihr absetzen. Ein egoistischer Mensch kann nie mutig und tapfer sein, niemals. Die wahre traditionelle Erziehung der Kampfkünste stärkt das *ki*, zerstört den Egoismus und die Angst, läßt den Menschen den dualistischen Geist aufgeben und den *mushin*-Geist entwickeln, den Geist, der sich selbst vergißt.

Es ist unnötig, siegen zu wollen; nur so kann man siegen.

Das Ich aufgeben... Das ist das Geheimnis eines rechten Lebens. Es ist notwendig, den Willen, die Kraft und die Geschicklichkeit zu stärken — im Leben wie in der Übung der Kampfkünste. Doch das Wesentlichste ist es, den Geist stark zu machen und seine Freiheit zu finden!

Mushin... Nichts.

F. — *Ist* ki *die Energie, die man in sich trägt?*

A. — Ja und nein. Es lebt in der Tiefe der physischen Kraft. Das Dasein selbst erschafft die Energie, das ist die Bewegung der Bewegung. *Ki* ist immer Bewegung: es ist der Fluß des Lebens selbst, der gleichwohl nicht spürbar ist. Die Energie ist, genauer gesagt, durch *ki* in Bewegung gesetzte Form (Materie). Was läßt das Blut in unseren Adern zirkulieren, was setzt die Nervenströme und die Eingeweide in Bewegung?... Allein *ki* bewegt, schafft die Bewegung des Lebens... Mit *ki* in Harmonie sein bedeutet also, eins zu sein mit dieser Grundenergie. Auch wenn ein Pianist oder Gitarrist sein Instrument sehr gut beherrscht, so ist es letztlich doch sein *ki*, das spielt und sich der erlernten Technik bedient.

F. — Doch es gibt einen japanischen Ausdruck „yowa-ki": jemand hat ein schwaches ki. *Und ein anderer hat „tsuyo-ki", was bedeutet, sein* ki *ist stark.*

A. — Ja, manche Leute haben ein sehr starkes *ki*, andere ein schwaches. Das ist ihre Art und Weise, die jeweilige Lebensenergie umzuwandeln. Im Japanischen gibt es einen geläufigen Ausdruck: *ki ga yuku*, „das *ki* macht sich davon". So sagt man etwa nach der Liebe oder wenn man müde ist, das *ki* habe sich davongemacht... Doch solange man lebt, bleibt immer *ki* in einem, und man muß wissen, wie man es erneuert. Wenn das *ki* sich vollständig aus dem Körper entfernt hat, ist man tot. Unsere *Aktivität*, die des Blutes, der Atmung, der Organe, all das ist dann am Ende, und damit auch das Leben der Zellen. Das Gehirn hört dann nach einigen Tagen ebenfalls auf zu funktionieren.

F. — Bleibt der Geist?

A. — Vielleicht. Doch ich stimme mit den westlichen Theorien, die Geist und Körper trennen, nicht überein.

Der Geist benötigt eine Form, also einen Körper, um sich zu verwirklichen. Wenn daher der Körper tot ist, stirbt auch das, was wir unter dem Namen Geist kennen und kehrt zur kosmischen Ordnung zurück. Unser *ki* geht mit dem Tode in den Kosmos zurück.

Das eigentliche Problem bleibt jedoch bestehen: wo kommt dies alles her?

F. — Sie sprachen gerade vom „Erneuern des ki*". Wie geht das?*

A. — Wenn man lebt, nimmt man ständig *ki* in sich auf, insbesondere durch die Atmung und auch durch die Nahrung und die wechselseitige Abhängigkeit von den anderen... Die kosmische Energie verändert sich nicht: sie *ist*. Die Umwandlung dieser Energie durch den Körper ergibt *ki*, die Lebensenergie. In *ki* ist nichts Abstraktes. Es ist die Quelle des Geistes. Wenn das *ki* nicht stark ist, so ist auch die Lebenskraft schwach, wenn es stark ist, so ist es die Lebenskraft auch. In den Kampfkünsten wie im täglichen Leben ist es wesentlich, *ki* zu besitzen. Die beste Art, es zu erwerben, ist und bleibt die Atmung, eine gute Atmung, die sich auf die Ausatmung konzentriert. Beim Zazen ist man unbeweglich, doch durch die Atmung entwickelt man ein sehr starkes *ki*. Und die großen Meister der Kampfkünste führen nur ein Minimum an Bewegung aus; sie bleiben auf ihre Ausatmung im *hara* konzentriert, während die niedrigeren *dan* (Rangstufen) sich erregen und völlig nutzlos ihr *ki* verausgaben.

Wie wir unser *ki* nutzen, das ist der wichtige Punkt. Wenn man jung ist, achtet man darauf nicht, doch wenn man älter wird, stellt sich das Problem um so dringlicher, je mehr der Körper ermüdet. Doch durch die Übung der richtigen Atmung kann man sich heilen, kann man seine Lebensenergie erneuern und von Tag zu Tag seine Kraft bewahren. Man muß jedoch darauf achten, sie nicht unnötig zu verausgaben. Zazen lehrt dies. Eine andere Ursache des Verlustes an *ki*, insbesondere in der modernen Zivilisation, sind Zerstreuung, Aufregung, Angst und Gedankenverwirrung: man bedient sich heute zu sehr der Gehirn*rinde*, wo man besser die unbewußte Aktivität des Hypothalamus entwickeln sollte, um das tiefe, innere Gehirn, den Sitz von Intuition und Instinkt, zu stärken. Und der Mangel an Lebensenergie macht die Menschen krank. Jeder ist heute mehr oder weniger krank. Jedoch kann man sich durch die Übung seines *ki* selbst heilen. So handeln, daß *ki* und der Körper sich in vollkommener Einheit befinden, wie im *kiai*, dem Kampfschrei der *samurai*. Ihr müßt die Wichtigkeit der Ausatmung wohl verstehen... Versucht doch einmal einen Schrei beim Einatmen auszustoßen! Die Ausatmung ist der Schlüssel des *budo*, und auch die Kunst, sein *ki* durch die Konzentration zu üben.

F. – Was ist Konzentration?

A. – Zu wissen, wie man sich konzentriert: sein *ki*, seine Energie in eine einzige Handlung zu legen.

Durch diese Übung der Konzentration lernt man wohl nach und nach, sich auf jeweils eine einzige Sache allein zu konzentrieren, und doch bleibt dem Menschen alles, was ringsumher noch geschieht, voll und ganz bewußt. Man darf sich immer auf nur eines konzentrieren — in den Kampfkünsten auf die Augen. Das hindert nicht daran — im Gegenteil! —, auch die kleinste Bewegung des Gegners zu fühlen.

Beim Zazen konzentriert man sich auf die Haltung und die Atmung, in den Kampfkünsten auf das Training, die Atmung und, im Kampf, auf den Gegner. Allgemein muß man sich ganz und gar auf jede gegebene Situation konzentrieren. Hier und jetzt trinke ich Wasser; nur das allein — Wasser trinken. Sich auf das Wasser konzentrieren, das man trinkt. Und so fort. Aber man braucht darüber nicht zu viel nachzudenken!

Im Gegenteil — mit dem Körper denken, mit dem Instinkt. Mit der Intuition kann man alles fühlen. In Japan gab es einmal einen blinden *samurai*, dem es keiner je gleichtun konnte. Er bewegte sich nicht, wartete und fühlte durch die Intuition die Bewegungen des Gegners. Er spürte auch die kleinsten Schwingungen! Das ist durchaus möglich. Bedenkt nur die vielen Dinge, die man beim Zazen fühlt. Man ist unbeweglich, und doch spürt man auch die kleinste Bewegung der Nachbarn. Wir sehen mit den Augen des Bewußtseins.

Konzentration erwirbt man durch Übung — indem man sich auf jede einzelne Handlung oder Bewegung konzentriert und so zum normalen Zustand des Körpers und des Geistes zurückfindet. Letztlich spielt der Wille keine Rolle mehr; es geschieht automatisch, natürlich, unbewußt. Ohne Ermüdung. Wenn man es dagegen mit dem Willen versucht, ermüdet das Vorderhirn und mit ihm der ganze Mensch. In Wettkämpfen ermüden die niederen Grade (*dan*) schnell, da sie angespannt sind und sich ständig fragen, was zu tun und wann zu handeln ist, u.s.w. Gleichermaßen ist auch ein Schauspieler, der beim Spiel an seine Rolle denkt, schlecht. Er muß sie *leben*, das ist alles. Sich ganz hingeben. Durch Zazen versteht man das sehr leicht.

F. — Was ist der WEG?

A. — Sein Bewußtsein betrachten, hier und jetzt...

Und ein Zen-*koan* lautet: der Weg ist unter deinen Füßen.

F. — Wie kann man ihm folgen?

A. — Indem man seinen Körper übt, Zazen praktiziert und nach Bildung strebt. Doch darf man auch nicht zu intellektuell werden, denn so verbraucht man sein *ki*. Im übrigen hat jeder seinen eigenen Pfad, und jeder hat seinen Kosmos.

F. — Sie haben mir einmal gesagt: „Zazen ist die Übung des Todes, die Kampfkünste die des Lebens." Soll man nun beide üben?

A. — Ja, in den Kampfkünsten sucht man Gegenkräfte zu überwinden und so zu überleben, während Zazen das Problem des Todes löst. Ich sagte schon oft: wenn ihr Zazen übt, so ist das, wie wenn ihr ins Grab geht, denn am Ende gebt ihr alles auf. Beide Bereiche können sich ergänzen. Doch die Kampfkünste heutzutage sind nur mehr eine Art von Gymnastik und haben ihre ursprüngliche Tiefe verloren. Dagegen beim Zazen beobachtet man sich immerfort — die Haltung ist ewig. Dogen hat gesagt: „Die Asche kann das Holz nicht betrachten und das Holz nicht seine Asche." Daraus ergibt sich: wir müssen uns als Lebende auf das Leben konzentrieren, und wenn der Tod naht, das Leben aufgeben und zu sterben wissen. Das ist Weisheit. Doch was ist Leben — und was ist Tod?

Wenn man wahrhaft leben will, muß man den Tod in sich kennen. Das Leben ist die Abfolge von vielen einzelnen „Hier und Jetzt" — man muß sich ständig im Hier und Jetzt konzentrieren. Die Menschen, die sich um die Zukunft oder die Vergangenheit ängstigen, sind sich gar nicht darüber im klaren, in welcher Welt aus Illusionen sie leben. Man muß aber den Widerspruch, der in einem selbst ist, lösen, den Widerspruch, den wir im eigenen Gehirn mit uns herumtragen. Einen Widerspruch, der sich in unserem ganzen Leben wiederfindet, in uns selbst, der Familie, im sozialen Zusammenleben... Das einzige Mittel, ihn zu lösen, ist *hannya* — die Weisheit. Die Weisheit hat zwei Gesichter. Das eine ist streng und kalt, das andere wohlwollend und mitfühlend. Wie auch das meinige — manchmal furchteinflößend streng, manchmal gut und so freundlich lächelnd, daß alle Welt mich umarmen möchte...

F. — Doch wenn man von jemandem angegriffen wird, kann man nicht an all das denken. Was soll man also tun?

A. — Vor allem einmal: nicht denken. Doch mit Weisheit reagieren. Man muß immer Weisheit an den Tag legen. Wenn die Angreifer stärker sind als ihr und ihr euch wirklich unterlegen fühlt, ist es besser, zu verschwinden! Es besteht keinerlei Notwendigkeit, sich eine Tracht Prügel abzuholen!... Andernfalls muß man aber kämpfen. Leidenschaftslos, mit Instinkt, Kraft und Weisheit.

F. — Das ist das Geheimnis?

A. — *(Meister Deshimaru lacht.)* Eines Tages kam ein sehr stolzer junger *samurai* zu einem großen Meister des *kendo* und fragte ihn: „Was ist das Geheimnis Eurer Kunst?" Der Meister nahm ruhig seinen Stock, wirbelte ihn in der Hand und landete plötzlich einen mächtigen Schlag auf den jungen Mann. Nun hatte dieser sicherlich *satori*!

F. — Das war ihm wohl eine gute Lehre, nicht wahr?

A. — Gewiß — *wenn* der Meister so gehandelt hat! Der junge *samurai* hatte es sicherlich verdient. Doch seid nicht so eng in eurem Geist! Jede Situation verlangt eine andere Reaktion. Was ist gut und was ist böse? Die tiefe Weisheit, *hannya*, muß die richtige Antwort, die richtige Bewegung diktieren.

Wie kann man sich konzentrieren? Das ist das wahre Problem. Wenn man in sich selbst schaut, kann man die Unvollkommenheiten seines *karma* erkennen und seine *bonno*, die Wünsche und Begierden, kontrollieren. Darin ist Zazen der große Spiegel unser selbst, durch den wir uns zum Besseren entwickeln können. Wenn wir im Leben keine solche Übung haben, welche die verschiedenen Strömungen ins Gleichgewicht bringt, entwickeln wir nur eine Seite von uns. Man wird, je nachdem, zu spiritualistisch oder zu materialistisch. Das ist der Fehler der ganzen modernen Zivilisation und der Grund für ihre Krise in heutiger Zeit.

Man muß sich selbst beherrschen können. Da liegt das Geheimnis.

Körper und Geist, die Einheit von Körper und Geist beherrschen, das Leben und den Tod.

LEBEN UND TOD

Dokan, der WEG ist ein Kreis

Das reine Wasser durchdringt die Tiefen der Erde.
Wenn daher ein Fisch in diesem Wasser schwimmt,
Hat er die Freiheit des Wahren Fisches.
Der Himmel ist weit und klar bis zum Rand des Kosmos.
Wenn daher ein Vogel an diesem Himmel fliegt,
Hat er die Freiheit des Wahren Vogels.

Meister Dogen
Zazen Shin

Freier Geist, freies Universum.

Unterweisung eines Samurai

Folgendes lehrte Meister Daichi den *samurai* Kikuchi, als er ihn zum Bodhisattva weihte:

„Wenn du über das grundlegende Problem von Leben und Tod Gewißheit haben und deine Laterne aufleuchten lassen willst, mußt du dich in erster Linie dem *mujo bodaishin*, der unvergleichbaren Weisheit Buddhas, widmen.

Was bedeutet *bodaishin*?

Es ist dies der Geist, dessen tiefgründige Betrachtung *mujo* gewidmet ist. *Mujo* ist die Unbeständigkeit, der ewige Wandel aller Dinge (alles dessen, was in *ku*, der Leerheit, existiert). Nichts, das lebt und an jedwedem Punkt des weiten Raumes zwischen Himmel und Erde den gegensätzlichen und sich ergänzenden Wirkungen der Pole Yin und Yang unterworfen ist, kann dem Wandel und dem Tod entrinnen. *Mujo* hört keinen Moment lang auf, dich zu belauern, und es geht zum Angriff über, bevor du dir dessen bewußt wirst. Daher heißt es im *sutra*: „Dieser Tag geht zu Ende, und mit ihm muß dein Leben enden. Schau zum Beispiel das unschuldige Spiel des Fisches in der Wasserlache, ein Spiel, dem durchaus bald ein Ende werden kann."

Du mußt dich konzentrieren und dich jedem Tag ganz und gar widmen, so als müßtest du das Feuer in deinen Haaren löschen. Du mußt vorsichtig und klug bleiben, dich des *mujo* erinnern, und niemals darfst du schwach werden. Wenn dein Leben einmal unter dem Schlag des schrecklichen Dämonen *mujo* fallen wird, gehst du ganz allein, ohne Begleitung und auch ohne Beistand deiner Frau und deiner Familie auf den Pfad des Todes. Selbst die Paläste und die Krone des Kaisers können deinem Leichnam nicht folgen. Dein verworrenes Bewußtsein das an Fleischeslust und den Gütern der Welt so sehr haftete und sich an ihnen so sehr erfreute, wird sich in einen Wald von Lanzen und einen Berg von Schwertern verwandeln.

Und alle diese Waffen werden dir viel Pein bereiten und dich beim Wandern an den Kleidern zerren. Sie werden deinen Körper in Stücke reißen und deine Seele zerfetzen. Endlich wirst du in die dunklen Tiefen der Hölle hinabsteigen, und durch das Gewicht und die Natur deines *karma* wirst du zehntausend Mal wiedergeboren und zehntausend Mal wieder sterben und dabei die Gestalt aller Dämonen der Hölle annehmen, wie sie den verschiedenen Seiten deines *karma* entsprechen. Jeden Tag wirst du auf ewig leiden.

Wenn du all das verstanden hast und dennoch unfähig bleibst zu verstehen, daß dein Leben nicht mehr ist als ein Traum, eine Illusion, eine Luftblase, ein Schatten, dann wirst du am Ende mit Sicherheit das ewige Leiden in diesem schrecklichen Bereich von Leben und Tod bitter beklagen. Wer den authentischen geistigen Weg des Buddhismus sucht, muß damit beginnen, *mujo* in seinem Herzen zu verwurzeln.

Dein Tod kommt bald — vergiß das nie auch nur zwischen zwei Augenblicken in deinem Bewußtsein oder zwischen einem Ausatmen und einem Einatmen. Wenn du nicht so handelst, bist du nicht wirklich einer, der den wahren WEG sucht.

Nun zeige ich dir das beste Mittel, das Problem deines Lebens und deines Todes zu lösen: übe Zazen. Was man Zazen nennt, ist, sich in einem stillen Raum vollkommen unbeweglich in der genauen und korrekten Haltung, und ohne ein Wort zu sprechen, auf ein *zafu*-Kissen zu setzen — während der Geist von jeglichem guten oder schlechten Gedanken befreit ist. Zazen ist, sich nur ruhig und friedlich vor eine Wand zu setzen. Jeden Tag.

So gibt es beim Zazen weder ein besonderes Geheimnis noch eine bestimmte Motivation. Doch wird durch Zazen dein Leben ganz sicher erblühen und vollkommener sein. Also mußt du jegliche Intention aufgeben und darauf verzichten, beim Zazen ein Ziel erreichen zu wollen, was immer es sei.

Wo also liegt in deinem Körper und in deinem Geist die wahre Art zu leben und zu sterben? Durch eine tiefe Innenschau mußt du verstehen, worum es sich dabei handelt. Wenn du dein dir eigenes, persönliches Ich findest, so zeige es mir bitte. Findest du es nicht, so bewahre und beschütze es weiterhin treu — und vergiß dasjenige, das du gewöhnlich deiner Umgebung zeigst.

So kannst du also nach ein paar Monaten oder Jahren *gyodo*, den wahren Weg, mit dem ganzen Körper und ohne Bemühung des Willens üben.

Gyodo bedeutet nicht nur, einen bestimmten Weg zu üben und sich besonderen Zeremonien zu widmen, sondern es bedeutet, sich an alle Dinge des Alltags hinzugeben — laufen, stehen, sitzen, liegen, ja sogar sich das Gesicht waschen, auf die Toilette gehen, und so fort.

Alles muß zu *gyodo*, zur Frucht des wahren Zen werden. Alle lebendigen Handlungen des Körpers und alle Bewegungen müssen mit der Bedeutung des wahren Zen in Harmonie gelangen. Dein Verhalten und all dein Betragen muß natürlich, automatisch und unbewußt der kosmischen Ordnung folgen.

Wem es gelingt, diesen Zustand der Konzentration (*samadhi*) zu erreichen, kann auf dem schrecklichen Irrweg des Pfades zwischen Leben und Tod ein wahrer geistiger Führer von tiefer Einsicht werden.

Und das, auch wenn alle Existenzen der Erde, Wasser, Feuer, Wind und alle Elemente sich zersetzen und spalten, auch wenn Augen, Ohren, Nase, Zunge, Körper und Bewußtsein sich irren, auch wenn die Verwirrungen deiner *bonno* (Illusionen) Wirbel erzeugen, die sich in deinem Geist wie die stürmischen Wogen des Ozeans erheben und ihn überrollen.

Wenn du also in deinem Körper und in deinem Geist den normalen und rechten Zustand schaffst, kann man sagen, daß du in authentischer Weise erweckt bist und du das wahre Zazen durchdrungen hast. Zudem ist bekannt, daß man durch die Verwirklichung des wahren *samadhi* auch die Gesamtheit aller lebendigen *koan* der Meister in der Nachfolge des Buddha bewältigen und verstehen kann. Manchmal heißt man diejenigen 'Meister', die ohne jeden Zweifel und dank des alles durchdringenden Auges ihres ursprünglichen Wesens oder Gesichtes, dank ihres bewußten Willens und dank ihrer speziellen Zen-Technik fähig sind, Zen zu ergründen. Doch wenn sie nicht den Zustand wahrer Konzentration erschaffen, sind sie kaum mehr wert als eine Gliederpuppe, die in eine stinkende Mistgrube gefallen ist oder als der Schlupfwinkel einer zaudernden Überlieferung. Man kann versichert sein: das sind durchaus keine wahren Zen-Meister.

In der heutigen Zeit bedauern wir es, keine wahren, lebendigen *koan* mehr von wahren Zen-Meistern zu erhalten. Fast alle Anfänger machen stattdessen so oft die Erfahrung von *konchin* (Schläfrigkeit) und *sanran* (Erregung). Dies, weil beim Zazen ihr Bewußtsein und Zazen zwei voneinander verschiedene Zustände sind und sie sich gegen ihr Zazen sträuben.

Doch man darf Zazen nicht bewußt oder willentlich üben.

Sie täten besser daran, richtig und in natürlicher Weise zu üben, ohne einen Gedanken daran, was sie sind, was ihr Bewußtsein ist, was sie hören oder was sie fühlen. So käme auch nie der leiseste Schatten von *konchin* oder *sanran* auf.

Manchmal, wenn du Zazen übst, erscheinen vielleicht eine große Zahl Dämonen in deinem Geist, die dein Zazen stören. Doch von dem Augenblick an, wo du den WEG nicht *bewußt* übst, verschwinden diese Dämonen. Mit langer Erfahrung und dank der unendlichen Verdienste durch Zazen wirst du dies alles unbewußt verstehen — gleichwie auf einer langen Reise die lange und gefährliche Straße das Pferd prüft und Gelegenheit gibt, seine Kraft und Energie schätzen zu lernen.

Wir erkennen auch nicht von heute auf morgen die Güte der Menschen, unter denen wir leben. Auf dem Buddha-Weg mußt du ewig die Hoffnung bewahren, ohne je zu ermüden, nicht im Glück noch im Unglück.

Und dies ist das wichtigste:

Die Wurzel und der Ursprung von Leben und Tod liegt in uns selbst."

Was ist die Praxis des Zen?

Meister Dogen schreibt im *Shobogenzo*: "Was ist Zazen? Es bedeutet, im gegenwärtigen Augenblick zu sein, jenseits aller Existenzen des Universums, den höchsten Buddha-Zustand zu erreichen und in diesem Zustand zu leben. Zazen ist allein dies — jenseits von Buddhist und Nicht-Buddhist, es ist das Durchdringen der tiefsten Buddha-Erfahrung."

Diese Sprache ist sehr einfach, und sie spiegelt die Essenz des Zen, welches selbst Einfachheit ist.

Worin liegt die Essenz des Zazen?

Zazen trägt seine Bedeutung in sich selbst.

Darüber wurden schon eine Menge falscher Dinge gesagt.

1. Für manche ist Zazen eine *Meditation*, eine Geisteshaltung. Doch Zazen ist weder ein „ismus" noch eine Art zu denken, noch Meditation im christlichen oder zum Beispiel auch hinduistischen Sinne. In Europa

definierte Pascal den Menschen als „denkendes Schilfrohr" und drückte damit die europäische Haltung treffend aus, die aus dem Denkvorgang die Grundlage menschlichen Verhaltens macht. Das Denken erfüllt das ganze Leben, und niemand begreift das Nicht-Denken. Die Professoren, insbesondere in der Philosophie, widmen sich dem Denken, und niemand denkt daran, das Denken selbst einer Kritik zu unterziehen. Zazen ist weder Denken noch Nicht-Denken, es ist jenseits des Denkens, reines Denken, ohne persönliches Ich-Bewußtsein und in Harmonie mit dem Bewußtsein des Universums. Dogen zitiert eine Geschichte über Meister Yakusan: Eines Tages, als er garade Zazen übte, fragte ihn ein junger Mönch: „Was denkt Ihr beim Zazen?" Er antwortete: „Ich denke, ohne zu denken."

Hishiryo: das ist die Dimension des Denkens ohne Bewußtsein. Derart ist die Essenz des Zen, die Essenz des Zazen.

Das bewußte Denken ist im täglichen Leben gewiß wichtig, und man kann es nicht zum Verschwinden bringen. Doch manchmal macht man vielleicht die Erfahrung, daß man handelt, ohne zu denken, ohne Bewußtsein, ohne Ego und spontan — wie zum Beispiel in der Kunst, im Sport oder in jeder anderen Handlung, in der man Körper *und* Geist einbezieht. Man führt die Handlung spontan und vor jedem bewußten Denken aus. Dies ist eine reine Handlung, die Essenz des Zazen.

2. Die Erfahrung des Zazen ist auch keine *besondere oder geheimnisvolle Erfahrung* oder ein ungewöhnlicher Zustand von Körper und Geist. Sie ist die Rückkehr zum

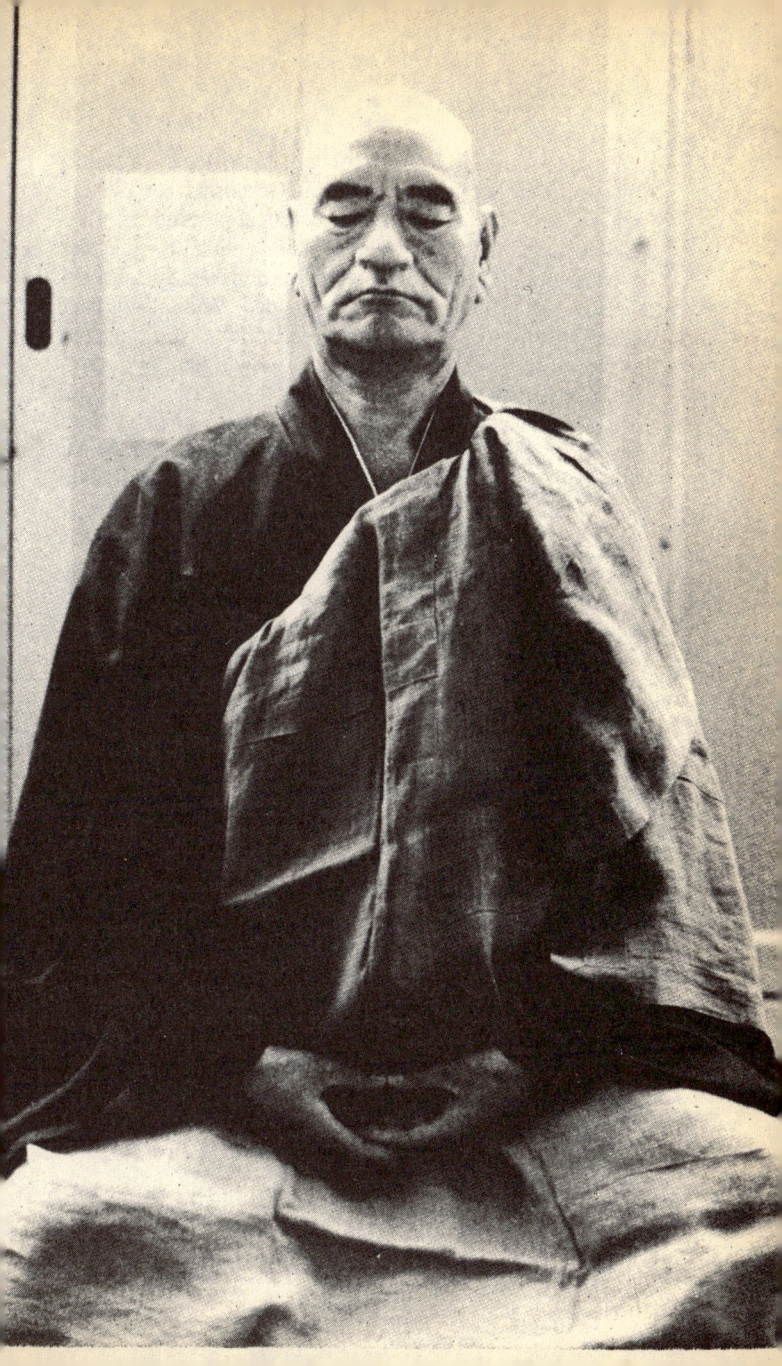

normalen Zustand des Menschen. Man denkt im allgemeinen, eine Religion müsse, im Gegensatz zur Wissenschaft, aus Geheimnissen und Rätseln bestehen. Desgleichen beim Zazen: viele denken, es handle sich hier darum, eine 'Erleuchtung', einen besonderen Zustand des Geistes zu finden. Die Übung der Meditation, der Konzentration in der Haltung des Buddha ist nichts von alldem. Die Zeremonien der Religionen erwecken Gefühle, Emotion, Ekstase... Hingegen Zazen ist weder Ekstase noch die Erzeugung bestimmter Gefühle, noch irgendein besonderer Zustand von Körper und Geist. Es handelt sich darum, voll und ganz zum normalen, reinen Zustand des Menschen zurückzukehren. Dieser Zustand ist nicht das Privileg der großen Meister und der Heiligen, er ist ohne Geheimnis und jedem zugänglich. Zazen bedeutet, vertraut zu werden mit sich selbst, sein inneres Wesen zu ,,schmecken" und in Einheit mit ihm zu gelangen und sich mit dem universellen Leben zu harmonisieren.

3. Zazen ist keine *Kasteiung*. Manche denken, ein *sesshin* (einige Tage intensiven Trainings) müsse darin bestehen, besonders viele Stunden Zazen zu üben, wenig zu schlafen, nur Reis und Gemüse zu essen... und so durch Erschöpfung in einen Zustand von Ekstase zu gelangen. Das ist ein schwerer Irrtum, dem auch viele Mönche in Japan erliegen. Dogen jedoch hat gesagt: ,,Beim Zazen müßt ihr ein recht dickes Kissen benutzen, das auf dem Gras oder einer Decke liegt. Das *dojo* muß vor Zug, Wind und Regen geschützt und die Atmosphäre angenehm sein. Es soll weder zu hell noch zu dunkel sein und die Raumtemperatur der Jahreszeit angepaßt." All dies ist sehr wichtig, denn Zazen ist keine Kasteiung,

sondern ein WEG, der zum vollkommenen Frieden, zur Freiheit des Menschen führt.

Was also ist die Essenz des Zazen? Allein die Haltung des Körpers, die Atmung und die Haltung des Geistes.

Alle Handlungen des Lebens werden Zen. Doch die Quelle, der Ursprung ist allein das SITZEN. Die Haltung des Zazen verwirklicht das *rechte Sitzen*. Zazen übt man auf einem *zafu*, dem Kissen, in sitzender Haltung. Die Beine werden in der traditionellen Lotusstellung gekreuzt. Der rechte Fuß liegt auf dem linken Oberschenkel, der linke Fuß auf dem rechten, die Fußsohlen zeigen nach oben. Es ist auch möglich, die halbe Stellung einzunehmen, wobei nur ein Fuß auf dem gegenüberliegenden Oberschenkel liegt. Es ist dabei sehr wichtig, daß die Knie fest auf dem Boden aufliegen.

Die Haltung des Körpers: Der Körper ist aufrecht. Das Becken ist nach vorn geneigt, sodaß die inneren Organe an ihrem natürlichen Platz liegen. Mein Meister sagte, die Stellung des Rückens solle derart sein, daß man den Eindruck hat, der After drehe sich der Sonne zu. Der Kopf ist gerade, das Kinn zurückgezogen, sodaß die Nase in senkrechter Linie über dem Nabel steht und die Ohren senkrecht über der Schulter. Meister Dogen sagte: „Der Rücken muß wie ein Abgrund sein." Die Haltung des Zazen ist, wie ich immer wieder sage: „mit den Knien auf die Erde und mit dem Kopf gegen den Himmel drücken."

Die Haltung der Hände und der Schultern: Die Hände ruhen auf den Oberschenkeln, die Handflächen sind nach oben gewendet, und die linke Hand liegt in der rechten. Die Daumen berühren sich in einer waagrechten Linie und bilden mit den Händen die Form eines Eies. Die Hände berühren den Bauch. Die Ellbogen kleben nicht am Körper, sondern zeigen leicht nach außen, während die Schultern und die Arme natürlich herunterfallen.

Die Haltung des Mundes und der Zunge: Der Mund ist geschlossen und ohne Spannung. Die Zungenspitze liegt am Gaumen hinter den Zähnen.

Die Haltung der Augen: Die Augen sind halb geschlossen, der Blick ruht, ohne fixiert zu sein, unbeweglich einen Meter vor dem eigenen Körper.

Die Atmung: Wenn die Sitzhaltung korrekt ist, ist es auch die Atmung. Sie soll natürlich sein. Die Ausatmung ist länger als die Einatmung, kraftvoll und ruhig wie das Muhen einer Kuh. Die Einatmung geschieht dann automatisch. Beim Ausatmen übt man einen Druck nach unten auf die Eingeweide aus, was bewirkt, daß sich der Unterbauch unterhalb des Nabels ausdehnt. Die Atmung muß ruhig und natürlich sein, niemals forciert und immer die gleiche beim Zazen wie beim *kinhin*.

Zazen ist der normale Zustand des Körpers und des Geistes, Ruhe, Stabilität, Gleichgewicht und Harmonie. Vor dem Zazen wiegt man sich leicht nach rechts und links, um das unbewegliche Gleichgewicht zu erreichen.

Durch diese praktische Erfahrung des Zazen kann man die wahre Lebenskraft in sich finden. Es ist dies weder Spannung noch Entspannung, sondern wahre

Freiheit und Harmonie. Die Zenmeister betonen immer, daß man dies nicht durch Sprache ausdrücken kann, denn das würde bedeuten, die Menschen zu täuschen, so als würde man ihnen einen gemalten Apfel zum Essen anbieten. Die Lehre des Zen — ich wiederhole es immer wieder — wird weitergegeben *von meiner Seele zu deiner Seele.*

Hara, das Meer der Energie

Die Einheit von Körper und Geist

Es bestehen sehr enge Beziehungen zwischen Zen und der Physiologie des Menschen. Die Haltung gibt der Muskulatur einen vollkommenen Tonus ohne Anspannung oder Erschlaffung, sie schafft das Gleichgewicht des Nervensystems und die Harmonie zwischen dem Menschen und dem Universum.

Was ist das Leben? Im allgemeinen trennen wir unser individuelles Leben, das Leben unseres Körpers, von dem des Universums. Doch unser Leben beschränkt sich nicht auf unseren Körper, sondern befindet sich in einem ständigen Austauschprozeß mit dem Leben des Universums. Diese wechselseitige Abhängigkeit zu verstehen, bedeutet, *ku* zu verstehen, *ku* zu üben, es bedeutet die höchste Wahrheit, die universelle Liebe. Dieses Leben der Leerheit, *ku*, ist unbegrenzte und grenzenlose Energie, die wir empfangen können, wenn wir in Harmonie sind mit dem universellen Leben — sie durchdringt uns dann unbewußt, natürlich und ohne jeden Widerstand.

Die Normalisierung des Nervensystems beim Zazen

Nehmen wir irgendeine der gewöhnlichen Muskeltätigkeiten: Bewegung, Handlung, Anspannung oder vollständige Erschlaffung — welches davon ist der normale Zustand des Muskels? Er besteht in der Tat weder in der Spannung noch in der Entspannung, sondern vielmehr im vermittelnden Gleichgewicht, auf dem wiederum das Gleichgewicht des Nervensystems und des Gehirns beruht. Wir werden durch einen doppelten Verband von Nerven gesteuert. Zum einen durch das Zentralnervensystem (Hirn- und Rückenmark) oder periphere Nervensystem, das mit der Hirnrinde und dem bewußten Denken in Verbindung steht, und zum anderen durch das vegetative oder autonome Nervensystem, welches den inneren Hirnzentren zugeordnet und willentlich nicht beeinflußbar ist. Es treibt die verschiedenen biologisch notwendigen Körperfunktionen an und steuert sie — Regulierung des emotionalen Bereichs, Temperaturausgleich, Stoffwechsel, innersekretorische Drüsen, Verdauung, Schlaf.

Zazen reguliert dieses autonome Nervensystem — sein Gleichgewicht ist mit dem gesundheitlichen Zustand von Körper und Geist gleichzusetzen.

Diese Nerven durchziehen den gesamten Körper und alle inneren Organe. Das sympathische System, bestehend aus Ortho- und Parasympathicus, ermöglicht das Gleichgewicht in unserem Körper zwischen Hypo- und Hypertonus. Dieses Gleichgewicht, diese Regulierung ist der Gesundheitszustand selbst.

Die meisten Menschen sind beschäftigt mit Diät, Medikamenten, Kuren, doch man kann lernen, seinen Körper selbst unter Kontrolle zu halten. Beim Zazen sind die Gegenspieler Ortho- und Parasympathicus im Gleichgewicht, und so befinden sich der Blutkreislauf, die Atmung, die Verdauung, die Sexualfunktionen und der Schlaf in ihrem normalen Zustand. Wenn dieses Gleichgewicht gestört wird, entstehen Krankheiten. Medikamente haben darauf nur teilweisen und vorübergehenden Einfluß.

Man kann dieses autonome Nervensystem nicht willentlich steuern, auch wenn man zehn Millionen Bücher gelesen und alle Religionen ausgeübt hat. Es handelt unabhängig von unserem Bewußtsein, doch können wir durch Zazen eine unbewußte Kontrolle über es erwerben. So kommen die Muskeln wieder in ihren normalen Zustand, das Großhirn beruhigt sich, und das innere Gefüge des Körpers sichert eine ausgeglichene Steuerung des neurovegetativen Systems. Auch die Hormonfunktionen werden durch Zazen reguliert, da es ja mit diesem System in Verbindung steht. Da wir die natürliche Selbststeuerung unseres Körpers, die automatische Weisheit des Körpers, vergessen haben, zwingen wir diesen Regulationszentren eine Gewalt auf, die ihren natürlichen Rhythmus empfindlich stört. Und das ist der Hauptgrund für all die Krankheiten, die heute auftauchen: Nervosität, Krebs, u.s.w. Zazen beruhigt die Hirnrinde (Kortex) und ermöglicht so die Wiederherstellung dieses Rhythmus.

Zazen ist die ursprüngliche Haltung dieses Gleichgewichts, die man dann in den vier Grundhaltungen des

Alltags wiederfinden kann — stehend, laufend, sitzend, liegend. (Man kann auch die Halb-Sitzhaltung der Europäer auf Stuhl und Sessel noch miteinrechnen.) In diesen vier Haltungen finden sich dieselben Prinzipien. Dogen sagte: „Wenn diese Haltungen korrekt sind, erlangen Körper und Geist wieder ihren normalen Zustand."

Das Bewußtsein (bewußt und unbewußt)

Wenn unser Geist unruhig ist, sind im allgemeinen die natürlichen Funktionen des Körpers gestört. Wenn sich hingegen der Geist in Ruhe befindet, kann der Körper spontan handeln. Die Handlung wird auf diese Weise frei und leicht. Wenn man sich aber ständig des Denkens bedient, findet sich der Körper in seinem Handeln gehemmt. Wir dürfen nicht nur mit unserem Bewußtsein denken. Das Denken zu ändern, ist sehr schwierig. Nicht nur das Gehirn denkt. Das ist auch der Grund dafür, daß ich so oft sage: *„Beim Zazen muß man mit dem ganzen Körper denken und leben."*

Solange Körper und Geist durch das persönliche Ich gelenkt werden, können sie nur als geschlossenes System existieren. Beim Zazen jedoch können sie sich dem unbewußten und allumfassenden Leben öffnen.

Im *Hannya Shingyo* wird erklärt:

1. *Shiki soku ze ku*: die Erscheinungsformen erzeugen *ku*, die Leerheit.

2. *Ku soku ze shiki*: *ku* erzeugt die Erscheinungsformen.

Dies bedeutet, daß alle Erscheinungsformen identisch sind, daß die Erscheinungswelt und die unsichtbare Welt des *ku* sich gegenseitig durchdringen und untereinander austauschbar sind.

Wie kann man die Beziehung zwischen diesen beiden Welten in seinem Leben verwirklichen?

Auf eben diese Frage will uns Zen eine Antwort geben und unser Bewußtsein zu dieser Dimension hin erweitern. Es ist dies die Antwort auf das zentrale Problem unserer Zivilisation.

Authentisches Leben ist Bewußtsein in wechselseitiger Abhängigkeit (Bewußtsein des Universums) plus abhängiges Bewußtsein (Bewußtsein des persönlichen Ich).

Wer ein zu starkes Ego besitzt, kann dieses universale, allumfassende Bewußtsein nicht empfangen. Um *satori* zu erlangen, muß man dieses Ego aufgeben. Um alles zu erhalten, muß man die Hände öffnen und geben können.

Dieses universale Bewußtsein ist die Quelle der Intuition. Diese entstammt nicht allein dem Bewußten, oder dem peripheren (Zentral-)Nervensystem, sondern vor allem dem vegetativen System und der Gesamtheit aller Nervenzellen des Körpers, die mit dem inneren Teil des Gehirns (und dieses allein handelt beim Zazen) verbunden sind.

Durch lange Übung und Training in der Praxis des Zazen erreichen die Zenmönche tiefe Intuition und große Weisheit, bevor sie ihrerseits Meister werden. Indem sie der Lehre ihres Meisters folgen, erlangen sie durch Zazen unbewußt das universale Leben, genannt *satori*. Und bevor sie selbst dieses vollkommene Verständnis haben, nehmen sie das Bewußtsein von *ku* ganz in sich auf.

Der Schlaf

Zazen ist wesentlich, um das universale Leben einzufangen, doch auch der Schlaf kann uns helfen zu verstehen, wie sich die Harmonie mit diesem allumfassenden Leben einstellt. Daher hat der Schlaf in unserem Leben eine wichtige Funktion.

Der Tag ist eine Periode der Aktivität, die Nacht eine solche der Ruhe. Denn im Schlaf, wenn Körper und Gehirn inaktiv sind, erhalten die Zellen neue Energie.

Das ganze orthosympathische System ist tagsüber aktiv, das parasympathische in der Nacht.

Sonne und Licht beeinflussen alle unsere Zellen. Daher verändern sie sich bei Sonnenuntergang und aufs neue bei Sonnenaufgang. Bei Tageslicht werden die Zellen aktiv, während sie in der Nacht mehr für das äußere Leben empfänglich sind. Das ist sehr wichtig, und in der heutigen Zeit irrt man sich sehr, wenn man behauptet, man könne nachts genauso aktiv sein wie tagsüber. Viele behandeln ihren Körper wie eine Maschine, die ständig laufen muß. So kommt es schnell zu Müdigkeit, Unausgeglichenheit, Krankheit und Tod. Denn der Kreis Aktivität — Ruhe ist gestört und das Verhältnis mit dem universalen Leben abgeschnitten.

Ein natürlicher Schlaf sollte mit Sonnenaufgang und Sonnenuntergang übereinstimmen, das heißt von 8 oder 9 Uhr abends bis 4 oder 5 Uhr morgens. Doch auch wenn dies in heutiger Zeit sehr schwierig ist, so ist es doch nach Möglichkeit vorzuziehen, vor Mitternacht schlafen zu gehen und früh aufzustehen. Die Zenmönche in den Tempeln gehen demgemäß früh zu Bett und erheben sich wieder früh. Sie verschaffen sich so genügend Energie, um mittels Nahrung nicht mehr als eintausend Kalorien — statt 2500 bei gewöhnlichen Menschen — zu benötigen.

Die Stille

Wie der Schlaf ist auch die Stille von großer Wichtigkeit im Leben. Im Buddhismus geht man davon aus, daß das Handeln (das *karma*) des Körpers, der Sprache, des Denkens und des Bewußtseins die Ewigkeit beeinflußt. In der heutigen Zeit sind die Menschen viel zu mitteilsam, und wenn sie reden, so nur funktional zum Ergebnis ihrer Worte. So ist ihre Sprache gezeichnet von Oberflächlichkeit, Diplomatie, Interessen, Wettbewerb, und die zwischenmenschlichen Beziehungen werden kompliziert und erfüllt von Angst und Stolz. Durch die Zazenübung lernen wir, direkte, natürliche Beziehungen zu haben, die nicht durch unser Ego beeinflußt sind, und wir lernen auch die Tugend des Schweigens. Denn Körper und Geist finden wieder ihre natürliche Einheit.

"In der Stille erhebt sich der unsterbliche Geist."

Die Atmung

In den traditionellen japanischen Künsten, den Kampfkünsten, Ikebana u.s.w., wird die Atmung als essentielle Grundlage der Konzentration gesehen und gelehrt.

Die Luft enthält die Energie und das universelle Leben, welche wir durch die Lunge und jede einzelne unserer Zellen empfangen. Daher ist es wichtig zu wissen, wie man atmet.

Normalerweise atmen wir fünfzehn bis zwanzig Mal in der Minute — und zwar oberflächlich, da wir nur ein Sechstel der Lungenkapazität nutzen. Eine tiefe und vollständige Atmung beschränkt sich jedoch nicht nur auf den Brustkorb oder das Zwerchfell, sondern drückt auch auf die Eingeweide. Auf diese Weise liegt der Atemrhythmus bei fünf bis zehn Mal pro Minute und die Atmung ist lang, tief und ruhig.

Diese Atmung übt man auch beim Zazen. Die Ausatmung ist länger als die Einatmung und man übt einen Druck nach unten auf die Eingeweide aus; die Einatmung geschieht danach automatisch.

Durch die Zazenübung gewöhnt man sich diese Atmung nach und nach auch im täglichen Leben und vor allem auch im Schlaf an. Die in der Luft enthaltene Energie des universellen Lebens bildet sich so zur Lebensenergie des Menschen um. Je mehr man für dieses universelle Leben empfänglich ist, umso mehr vergrößert sich unsere eigene Energie, und umso weniger benötigt man zum Beispiel Nahrungskalorien.

Die Phase der Einatmung entspricht der Zufuhr von Energie, während die lange und tiefe Ausatmung dieselbe in den ganzen Körper verteilt.

Es ist wichtig, immer die Ausatmung, also die Verteilung zu betonen, denn die Einatmung, die Ansammlung von Energie geschieht unbewußt und automatisch.

— Die japanischen Kampfkünste benutzen diese Art der Atmung — die Handlung muß immer während der Ausatmung (Yang) erfolgen und wenn möglich während der Einatmung (Yin) des Gegners, in einem Augenblick also, in dem er am meisten verwundbar ist.

— Auch die Übung des *katsu* gründet sich auf diese Atmung. Es handelt sich dabei um einen Schrei, ein „kwatz" während der Ausatmung, der lähmende oder auch wiederbelebende Kraft hat. Man kann damit jemanden wieder aufwecken, der gerade eben gestorben ist, denn durch ihn gibt man jemandem, der sie noch empfangen kann, die Energie des universellen Lebens.

— Wenn man beim Zazen den *kyosaku* gibt, so erfolgt der Schlag während des Ausatmens. Diese Handlung muß natürlich und ohne Beteiligung des Willens erfolgen. Der beste Effekt wird erzielt, wenn der Übende seinerseits den Schlag auch genau zum Ende der Ausatmung erhält.

— Bei der Rezitation des *Hannya Shingyo* muß man aus der Tiefe heraus einen langanhaltenden Ton erzeugen, während man während dieser Ausatmung auf die Eingeweide drückt.

Wer Zazen übt, lernt, diese Atmung unbewußt auch im täglichen Leben anzuwenden und im gleichen Maße die universelle Energie zu empfangen.

Diese Atmung ist daher das Mittel, die Einheit von Körper und Geist zu verwirklichen. Die Menschen suchen gewöhnlich den Körper mit dem Geist zu beherrschen, und manche üben Zazen unter diesem Gesichtspunkt. Doch die Haltung erweist sich ihnen als schmerzhaft und schwierig, und sie geben auf.

Dogen sagte im *Shobogenzo*: „Wenn man durch bewußtes Denken *satori* erreichen will, verschließen das Denken und das Ego die Eingangspforte für das kosmische Leben und halten uns in ihren Grenzen gefangen."

Wenn man ohne Zielvorstellung (*mushotoku*) übt, kann man *satori* also unbewußt erlangen, denn Zazen selbst ist *satori*.

„Den Weg des Buddha ergründen heißt, sich selbst ergründen. Sich selbst ergründen heißt, das Ich

aufgeben. Das Ich aufgeben heißt, mit dem ganzen Kosmos verschmelzen."

Nach Dogen ist *hishiryo* das Geheimnis des Zazen. *Hishiryo* ist „denken, ohne zu denken", ohne persönliches Bewußtsein, ohne Ego! Das ist die vollkommene Freiheit, die vollkommene Einheit von Körper und Geist.

Das Hara

Mit *hara* bezeichnet man die Gegend des Unterbauchs in der Nähe der Genitalien, wo sich der größte Teil des vegetativen Nervensystems konzentriert. Beim Zazen können wir durch dieses Zentrum auf ganz natürliche Weise das kosmische Leben in uns einfließen lassen, weshalb die Atmung und gerade die auf diese Partie gerichtete Ausatmung so wichtig ist — im Japanischen sagt man: „Die Muskeln des Unterbauchs spannen."

Die sexuelle Energie

Die kosmische Energie konzentriert sich im Unterbauch und besonders in den Sexualorganen. Die sexuelle Energie ist in der Tat die wichtigste Manifestation dieses universellen Lebens in uns — sie ermöglicht die Beziehung zwischen dem Leben des Universums und dem individuellen Leben, zwischen der Erscheinungswelt und der unsichtbaren Welt des *ku*.

Das periphere Nervensystem und die fünf Sinne ermöglichen es uns, zu *leben*, das vegetative Nervensystem und die Sexualorgane hingegen, *gelebt zu werden*.

Die sexuelle Energie bewirkt bei der Zeugung die Manifestation der Kraft (*ki*) des universellen Lebens in der Erscheinungswelt. Über das universelle, ewige Leben, das Leben des *ku* hinaus empfängt das derart erschaffene menschliche Wesen auch ein *karma*, das den zeugenden Eltern entstammt.

Mit dem Tod verschwinden Körper und individuelles Bewußtsein, während das *karma* und das universelle Leben ewig fortdauern — sterben heißt, in *ku*, zur wahren Essenz unseres Selbst zurückzukehren.

Bis heute haben die traditionellen Religionen und Morallehren das Sexualleben als tabu betrachtet und damit Ängste, Askese und Frustrationen erzeugt. Es ist wichtig, daß die moderne Erziehung in unserer Gesellschaft den wirklichen und natürlichen Sinn der Sexualität vermittelt.

Diese bringt nämlich, wenn man sie als eine dem universellen Leben entspringende Energie sieht, der menschlichen Beziehung eine neue Qualität. Die Liebe und das Leben des Menschen erreichen so die höchste Dimension und das wahre Glück.

Die Zazenübung schafft in jedem Individuum eine innere Umwälzung, sie bringt das *rechte Bewußtsein*, die *rechte Atmung*, den *rechten Schlaf* und die *rechte Sexualität* — die Grundlagen einer echten und wahren Zivilisation.

Zazen bedeutet, sich im Zentrum der Ordnung des Universums, des Kosmos zu verwurzeln. Durch die Zazenübung leben wir mit unserem gesamten Sein — hier und jetzt — im Zentrum des kosmischen Systems. Dies ist die höchste Dimension, die wir erreichen können.

Diese Wahrheit kann nicht durch ein rein materialistisches oder rein spiritualistisches Weltbild erkannt werden. Eine dritte Vorstellung des Universums wäre die Einheit der beiden — keine Mischung und keine genaue Mitte, sondern eine tiefe Harmonie, denn Geist und Materie sind nicht getrennt, sondern stehen, wie im menschlichen Wesen, in einem Verhältnis wechselseitiger Abhängigkeit.

In Europa haben die Philosophen versucht, diese Vereinigung von Geist und Materie zu verwirklichen, doch auf einer nur wenig tiefen und rein intellektuellen Ebene.

Wenn dieses Weltbild die Ebene des Geistes erreicht und zum Gegenstand des Glaubens wird, kann es zu einer tiefen Kraft werden, die auf die Harmonie von Wissen und Fühlen, von Geist und Materie, von Objekt und Subjekt, von Substanz und Essenz, des Einen und der Vielheit, des Sterblichen und des Unsterblichen verweist, jenseits aller relativen Kategorien und jenseits aller Widersprüche. Dieses dritte Bild des Universums nenne ich *Zen*. Manche stören sich an dieser Bezeichnung, doch es ist nur ein zweckmäßiges Wort.

Beim Zazen...

Legt in eure Haltung Energie, sonst ist sie wie schales Bier aus der Flasche von gestern abend...

Eure Haltung muß sein wie die eines Generals zu Pferd vor seiner Armee...

Die Haltung muß sein wie die eines Löwen oder Tigers und nicht wie die eines schlafenden Schweins...

Wenn eure Haltung korrekt ist, wirkt sie auf euer autonomes Nervensystem und das tiefe, innere Gehirn. Das Vorderhirn wird ruhig und friedlich. Eure Intuition wird stark.

Durch Zazen und allein durch Zazen beeinflussen eure Muskeln und Bänder in der richtigen Spannung den Para- und den Orthosympathicus. Deren Funktionen sind einander entgegengesetzt und ergänzen einander, und wenn eure Spannung gut ist, gleicht sie deren beide Kräfte aus.

Die Arme zeigen leicht vom Körper weg. In den Händen und besonders in den Fingern müßt ihr eine gewisse Spannung haben. Die Daumen müssen sich berühren und waagrecht liegen — weder Berg noch Tal...

*Der Himmel zerfällt
Und wird zu Staub,
Die weite Erde wird friedlich,
Und niemand kann sie schauen.
Der trockene Baum
Läßt plötzlich
Seine einzige Blüte erblühen
Und ruft einen neuen Frühling herbei,
Jenseits der Zeiten.*

>Unterweisung des Meisters
>Daichi
>für den Samurai
>Kikuchi
>im Schnee.

Dieses Gedicht handelt von dem Zustand des Körpers und des Geistes beim Zazen — das Wesen des Zazen selbst ist hier beschrieben.

In der Tat, wenn man diese Haltung eingenommen hat, verwandelt sich in unserem Selbst der ganze erfaßbare Kosmos in mikroskopisch kleine Teilchen.

Und unser eigenes Selbst... wo ist es?

Darin liegt nichts Geheimnisvolles und nichts Esoterisches. Wenn beim Zazen in der vollkommenen Konzentration des Körpers der Geist den Frieden findet, wird die Erscheinungswelt rein wie ein Kristall und auf dem WEG erscheint alles klar.

Unser Bewußtsein wird ruhig und friedlich wie der Schnee, der auf eine verlassene Landschaft fällt.

Doch wir dürfen an der Erde aus Kristall nicht haften noch am leeren Himmel, noch am weißen Schnee, noch der Leerheit (*ku*), noch den Erscheinungsformen (*shiki*)...

Wir müssen alles Haften aufgeben und einfach da sein, konzentriert in Zazen.

Hier und Jetzt.

Shin, der Geist

Adressen

Dem Verlag sind alle Dojoadressen im deutschsprachigen Raum bekannt.

Wenn Sie Interesse haben, sich einer Zen-Gemeinschaft anzuschließen und Zazen zu üben, schreiben Sie uns bitte. Wir geben Ihnen gern die entsprechenden Adressen bekannt.

Kristkeitz Verlag, Sorauer Str. 30, D-1000 Berlin 36

Glossar

Aikido: Der Weg der Harmonie mit dem kosmischen System.

Bodhidharma: Geboren im 6. Jahrhundert in Ceylon. Fuhr auf dem Seeweg nach China (Kanton). Begründer und erster Patriarch des Zen (*ch'an*) in China. Er übte 9 Jahre lang Zazen in den Bergen.

Bodhisattva: „Lebender Buddha". Jeder kann klar erkennen, daß er ein solcher ist, und sein Leben der Hilfe an anderen Menschen widmen, indem er an der gesellschaftlichen Realität teilnimmt. Nichts unterscheidet ihn von den anderen, sein Geist jedoch ist Buddha.

Buddha: „Der Erweckte".

Budo: Die japanischen Kampfkünste. Der Weg des *samurai*, eigentlich: *bushido*. *Budo* ist der Weg des Kampfes. Das Schriftzeichen *bu* bedeutet jedoch eigentlich: das Schwert anhalten, aufhören, das Schwert zu benutzen, aufhören zu kämpfen.

Dojo: Der „Ort der Erweckung", der Ort, an dem die Schüler den WEG üben, d.i. die Zen-Versenkung (Zen-Meditation), die Kampfkünste, u.s.w.

Ego: Das kleine, besitzende, begrenzte Ich, das in dem Maße zerstört werden muß, als es aus Illusionen besteht, während man ihm sonst immer gern echte

Realität beimißt. Gegensatz: das große, wahre, unbegrenzte ICH, die Buddha-Natur.

Hishiryo: Denken, ohne zu denken, jenseits des Denkens.

Judo: Die Kraft durch Weichheit besiegen.

Kamae: Die Haltung ist auch in den Kampfkünsten von großer Wichtigkeit.

Kata: Die „Formen" des *budo*. Alle japanischen Kampfkünste, *judo, kendo, aikido*, u.s.w. kennen *kata*: Form, Handlung, Einübung des Sieges. Der Anfänger muß die *kata* lernen, sie in sich aufnehmen, sie üben, und er kann dann, von ihr als spezifischer Form der jeweiligen Kampfkunst ausgehend, selbst schöpferisch werden.

Katsu: Drei Schriftzeichen mit derselben Aussprache:
1. Siegen
2. Einen besonderen, lauten Schrei ausstoßen
3. Technik der Wiederbelebung, der Weckung des *ki*.

Kendo: Der WEG des Schwertes, der Schwertkampf.

Ki: Unsichtbare Aktivität voll kosmischer Energie. Wird zur Energie und Tatkraft des Körpers in jeder seiner Zellen.

Koan: Ursprünglich: Gesetz, Regierungserlaß. Widersprüchliches Existenzproblem. Prinzip der ewigen Wahrheit, die durch einen Meister weitergegeben wird.

Ku: Leerheit, Existenz ohne Numen, ohne bleibende Substanz. Im Buddhismus auch: das Unsichtbare. Als Begriff identisch mit dem Gottesbegriff.
Alle Wesen des Kosmos existieren, doch man kann ihre Essenz, ihre Substanz nicht erfassen.

Mondo: Fragestunde zwischen dem Meister und den Schülern.

Mushotoku: Ohne Ziel und ohne Streben nach Profit.

Rinzai: Im Zen gibt es keine „Sekten". Doch seit Eno (6. Patriarch) bildeten sich fünf Schulen, gemäß ihrer Herkunft und ihrer Erziehungsmethoden. Alle übten Zazen. Als wichtigste blieben Soto und Rinzai. Im Rinzai gebraucht man das *koan* in formellerer Weise, und Zazen, das mit dem Gesicht in den Raum gewandt geübt wird, wurde zu einer Methode, *satori* zu erreichen.

Roshi: „Alter Meister". Titel eines Zen-Meisters.

Sampai: Dreifache Verbeugung vor dem Buddha oder dem Meister, die Stirn am Boden, die Handflächen beiderseits des Kopfes zum Himmel gewandt. (Symbolisch für das Berühren der Füße des Buddha.) Dies ist der Ausdruck des höchsten Respektes, den ein Zenmönch erweisen kann.

Satori: Das Erkennen der Kosmischen Wahrheit, die „Erweckung".

Sesshin: Eine Zeit intensiven Zazen-Trainings. Ein oder mehrere Tage gemeinsames Leben, Konzentration und Stille im *dojo*. Man übt vier bis fünf Stunden Zazen pro Tag, unterbrochen von Vortrag, *mondo*, *samu* (Arbeit) und Mahlzeiten.

Shiho: Die Beglaubigung, die Weitergabe der LEHRE von Meister zu Meister in der Nachfolge des Buddha.

Shikantaza: „Einfach nur SITZEN", sich auf die Zazenübung konzentrieren.

Shiki: Gegensatz: *ku*. Die Phänomene, die Formen, die sichtbaren Dinge.

Soto: In der Soto-Schule des Zen (s. *Rinzai*) übt man Zazen ohne Zweck, ohne Zielvorstellung und mit dem Gesicht zur Wand. Der Meister gibt nicht systematisch *koan*, sondern seine Antworten auf Fragen der Schüler sind aus dem Leben gegriffen und werden selbst zu *koan*.

Yawara: Das traditonelle Judo.

Zen: Chin. *ch'an, dhyana* im Sanskrit. Wahre und tiefe Stille. Normalerweise übersetzt mit Konzentration, Meditation ohne Ziel, Versenkung. Rückkehr zum ursprünglichen und reinen Geist des menschlichen Wesens.

Inhalt

Vorbemerkung	5
Vorwort	9
Bushido, der Weg des Samurai	15
Kraft und Weisheit	21
Der edle Kampf des Kriegers	24
Die Sieben Prinzipien	27
Die Drei Stufen der Entwicklung	33
Das Geheimnis des Budo ist das Geheimnis des Zen	35
Den Geist lenken	38
Hier und Jetzt	43
Mondo	47
Bun Bu Ryodo – Der Zweifache Weg	77
Die Harmonie von Himmel und Erde	81
Ki – die Energie	86
Unbewegte Weisheit	94
Fallenlassen	102
Nicht Denken	105
Mondo	107
Leben und Tod	137
Unterweisung eines Samurai	143
Was ist die Praxis des Zen?	150
Die Einheit von Körper und Geist	159
Glossar	183

Ferguson, Marilyn
Die sanfte Verschwörung
Persönliche und gesellschaftliche Transformation im Zeitalter des Wassermanns. Mit einem Vorwort von Fritjof Capra. 528 S. [4123]

Walsh, Roger
Überleben
Wir produzieren unter unbiologischen Bedingungen Feldfrüchte und Fleisch im Übermaß – während ein großer Teil der Weltbevölkerung hungern muß. Roger Walsh untersucht die Triebfedern unseres selbstmörderischen Tuns und gibt Anregungen für eine neue und sinnvolle Richtung.
176 S. [4155]

Aeppli, Ernst
Der Traum und seine Deutung
Der Psychoanalytiker Ernst Aeppli schrieb dieses Traumbuch im Geiste des großen Seelenforschers C.G. Jung. Er wendet sich an alle, die wirklich Zugang zu ihren Träumen und somit zu ihrem Unbewußten suchen.
416 S. [4116]

Boot, M.
Das Horoskop
Dies ist sowohl ein Einführungswerk für den interessierten Anfänger als auch ein Nachschlagewerk für den praktizierenden Astrologen. Alle Interpretationen stützen sich auf empirische Ergebnisse der Astrologie in Verbindung mit modernen psychologischen Erkenntnissen.
336 S. mit Abb. [4172]

Szabó, Zoltán
Buch der Runen
Das westliche Orakel. Das Buch enthält eine ausführliche Anleitung für die Orakel-Praxis und erklärt die besondere Bedeutung der Runen und der germanischen Götter als lebendige Symbole. Zusammen mit einem Satz von 18 Runensteinen in Klarsichtkassette.
256 S. [4146]

Tietze, Henry G.
Imagination und Symboldeutung
Wie innere Bilder heilen und vorbeugen helfen. Henry G.Tietze führt uns ein, in die Welt der inneren Bilder, erklärt, was sie bedeuten, wie sie hervorgerufen und genutzt werden können. 352 S. [4136]

Wilson, Colin
Gurdjieff – Der Kampf gegen den Schlaf
Georg Iwanowitsch Gurdjieff (1865–1949) ist eine der geheimnisumwittertsten Persönlichkeiten des Jahrhunderts. Colin Wilson ist seiner Philosophie und seinem Einfluß auf andere Menschen nachgegangen. Sein Buch ist eine brillante Einführung in Leben und Werk dieses Psychogen-Magiers des 20. Jahrhunderts. 176 S. [4162]

Boyd, Doug
Swami Rama
Erfahrungen mit den heiligen Männern Indiens. Swami Rama, in Indien aufgewachsen, ist eine Persönlichkeit, für den Wunder alltäglich sind. In den USA experimentiert er mit quantitativen Untersuchungsmethoden über höhere Bewußtseinszustände. 320 S. [4140]

ESOTERIK

Knaur

Musashi, Miyamoto
Das Buch der fünf Ringe
»Das Buch der fünf Ringe« ist eine klassische Anleitung zur Strategie – ein exzellentes Destillat der fernöstlichen Philosophien. 144 S. [4129]

Rajneesh, Bhagwan Shree
Komm und folge mir
Bhagwan spricht über Jesus. Seine Gedanken über das Leben und die Lehren Jesu enthalten Dimensionen, wie wir sie weder von der Kirche noch von westlichen Denkern kennen. 360 S. mit zahlr. z.T. farb. Abb. [4120]

Dowman, Keith
Der heilige Narr
Das liederliche Leben und die lästerlichen Gesänge des tantrischen Meisters Drugpa Künleg. 224 S. mit 1 Karte [4122]

Brunton, Paul
Von Yogis, Magiern und Fakiren
Begegnungen in Indien. Der amerikanische Journalist Paul Brunton bereiste in den dreißiger Jahren Indien. Seine Erlebnisse eröffnen das ganze Spektrum indischer Spiritualität. 368 S. und 12 S. Tafeln. [4113]

Deshimaru-Roshi, Taisen
Zen in den Kampfkünsten Japans
Deshimaru-Roshi demonstriert, wie die Kampfkünste zu Methoden geistiger Vervollkommnung werden. 192 S. mit 19 s/w-Abb. [4130]

Brugger, Karl
Die Chronik von Akakor
Erzählt von Tatunca Nara, dem Häuptling der Ugha Mongulala. Der Journalist und Südamerika-Experte Karl Brugger hat einen ihm mündlich übermittelten Bericht aufgezeichnet, der ihm nach anfänglicher Skepsis absolut authentisch erschien: die Chronik von Akakor.
272 S., Abb. [4161]

Rawson, Philip
Tantra
Der indische Kult der Ekstase. Diese Methode, die zur inneren Erleuchtung führt, erobert heute in zunehmendem Maße die westliche Welt.
192 S. mit 198 z.T. farb. Abb. [3663]

Rawson, Philip /
Legeza, Laszlo
Tao
Die Philosophie von Sein und Werden. Mit ungewöhnlicher Eindringlichkeit und großer Sachkenntnis erschließt sich hier den westlichen Menschen die Vorstellungswelt des chinesischen Volkes.
192 S. mit 202 Abb. [3673]

ESOTERIK

Zen und Kampfkünste
im
Werner Kristkeitz Verlag

von Taisen Deshimaru-Roshi:

ZA-ZEN: Die Praxis des Zen
Zen in den Kampfkünsten Japans (gebundene Ausgabe)
Zen-Buddhismus und Christentum
Die Stimme des Tales: ein Sesshin-Tagebuch
Fragen an einen Zen-Meister

Kommentierte Zen-Texte mit Original-Pinselzeichnungen von Roshi Taisen Deshimaru:

Shinjinmei — Sandokai
Hokyo Zanmai — Shodoka
Hannya Shingyo

von Koichi Tohei:

Das Ki-Buch: der Weg zur Einheit von Geist und Körper
Ki im täglichen Leben

von Gichin Funakoshi:

Karate-do: mein WEG

von André Nocquet:

Der Weg des Aikido

Fordern Sie unser Verlags- und Versandprogramm an!
W. Kristkeitz Verlag, Heltenstr. 1, 6906 Leimen